한의원의 인류학

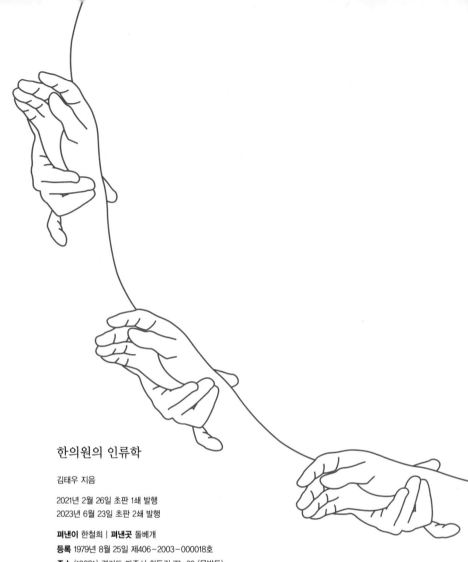

한의원의 인류학

김태우 지음

2021년 2월 26일 초판 1쇄 발행
2023년 6월 23일 초판 2쇄 발행

펴낸이 한철희 | **펴낸곳** 돌베개
등록 1979년 8월 25일 제406-2003-000018호
주소 (10881) 경기도 파주시 회동길 77-20 (문발동)
전화 (031) 955-5020 | **팩스** (031) 955-5050
홈페이지 www.dolbegae.co.kr | **전자우편** book@dolbegae.co.kr
블로그 blog.naver.com/imdol79 | **트위터** @dolbegae79 | **페이스북** /dolbegae

주간 송승호 | **편집** 김혜영
표지디자인 민진기 | **본문디자인** 이은정·이연경
마케팅 심찬식·고운성·한광재 | **제작·관리** 윤국중·이수민·한누리 | **인쇄·제본** 한영문화사

ISBN 978-89-7199-441-2 (03300)

책값은 뒤표지에 있습니다.

한의원의 인류학

몸-마음-자연을 연결하는

사유와 치유

김태우 지음

돌베
개

몸, 의료, 세계

여행 중에 이 책을 쓴다. 인류학은 현지로의 여행이지만, 인류학을 하는 사람의 여정 또한 있다. 대학 전공은 화학이었다. 졸업 후엔 자동차 회사에서 일했다. 서른이 넘어 인류학 공부를 시작했다. 지금은 한의대에서 학생들을 가르친다. 하나로 꿸 수 없을 것 같은 이 여정으로 나를 이끈 것은 사람에 대한 관심일 것이다.

인류학을 공부하기 전에는 유리된 세계에 갇혀 있는 느낌이었다. 물질(화학)과 사물(자동차)의 세계와 사람들의 세계를 분절하는, 당시에 더 강력했던 관념으로부터 벗어나고 싶었다. 그 마음을 구체화하는 길에서 의료에 관한 인류학을 만났다. 의료인류학은 사람의 몸과 그 몸이 겪는 아픔을 이해하는 것이 사람이라는 존재를, 나아가 세상을 이해하는 의미 있는 길임을 알려주었다. 사람은 몸을 살기 때문이다.

몸으로 회사에 가고 밥을 먹고 영화를 보고 카페에 간다.

또한 다른 몸들과 함께 산다. 몸들끼리 표정을 짓고 말을 나누고 감정을 주고받는다. 사람은 그런 몸을 안다. 몸이 전하는 느낌을 알고 아픔도 안다. 이 아픔에 대한 앎을 엮어서 만들어낸 체계가 의료다. 실제로 우리가 아프다고 말할 때, 우리는 아픈 몸을 산다. 그 몸이 세계를 산다.

미국에서 의료인류학을 공부하면서 다양한 지역의 의료에 관심을 가졌다. 동아시아의학에 대한 인류학 연구들도 접할 수 있었다. 중국, 일본, 대만에서는 각국의 동아시아의학에 관한 연구가 이미 많이 진행되어 있었다. 하지만 중국의 중의학이나 일본의 캄포의학과 달리 한국의 한의학 연구는 매우 미흡했다. 인구의 크기나 인지도에 관계없이 다양한 지역의 의료들을 연구해온 인류학이지만, 한국의 동아시아의학에 대해서는 본격적인 연구가 없었다. 그 공백을 채워보려고 시작한 의료 현장 연구가 지금 여기로의 여정으로 이어졌다.

여러 의료 현장을 오가며 많은 것을 보았다. 몸에 대한 이해가 하나가 아니라는 것을, 아픔에 대한 이해도 여럿 존재한다는 것을 드러내는 장면들은 인상적이었다. 그 장면들은 하나로 규정되지 않는 몸의 가능성에 대해 말하고 있었다. 그리고 몸에 대한 이해는 몸 바깥에 대한 이해와 연결되어 있다. 사람이 사는 몸이 바로 세계를 사는 몸이듯, 우리는 몸을 바라보는 시선으로 세계를 바라보고, 세계를 산다. 그 연결고리에 의료가 있다. 의료는 몸이 겪는 아픔을 이해하는 방식과 연결되고, 다시 사람들이 삶 속에서 세계를 이해하는 방식과 연결된다.

이것이 의료 현장에서 접했던 장면, 말, 만남들이 내게 들려준 것이다.

이 책은 한의학을 중심으로 서양의학과의 병치 속에서 현지로의 여행을 기록하고 있다. 병원 간판 바로 옆에서 한의원 간판을 볼 수 있는 한국은, 몸과 아픔에 대한 이해'들'을 고찰할 수 있는 고무적인 현장이다. 병원과 한의원에서 접한 장면들은 서로가 서로를 비추는 거울 역할을 하며, 하나의 의료만 연구했으면 주목하지 못했을 내용들을 드러내 보여주었다.

박사논문을 쓰기 위해 2007년 한국에서 시작한 현장 연구는 지금까지 이어지고 있다. 장기간의 현장 연구는, 의학 이론과 전문 용어의 난해함을 희석하는 데 큰 도움이 되었다. 이 책에서는 한의학과 서양의학에 대해 충분한 기간 동안 경험하고 반추한 후에 독자들에게 다가가는 언어로 그 경험을 풀어보려 했다. 의학 지식이 회자되고 의료 행위가 수행되는 진료실은 이 책의 중요한 장소이다. 그곳에서 한의사, 의사, 간호사, 환자, 환자 가족을 비롯한 다양한 사람들과 나눈 대화가 이 책에 담겨 있다.

서양의학도 그렇지만, 한의학이라는 의료 체계는 하나로 규정할 수 있는 고정물이 아니다. 시대와 사회적 조건 속에서 변화한다. 변화의 구체적인 양상에 대한 논의도 중요하지만, 이 책은 그러한 양상들을 드러내는 기저에 더 많이 집중하려 한다. 한의학은 어떻게 몸을 이해하며, 그 이해에 바탕을 두고 어떻게 아픔에 접근하는지 살펴보는 것이 이 책의 주요 관심사다. 이것은 변화의 근간에 대한 문제이며, 변화에 대한 더 심도 있는 논의를 위해서도 꼭 필요하다.

　모든 인류학은 연결됨의 산물이다. 현장에서 만난 사람, 공간, 말들과의 연결이 없다면 인류학은 없다. 이 책이 나오기까지도 수많은 연결이 있었다. 이 책은 그러한 연결의 산물이고, 연결이 없었다면 결코 나오지 못했을 것이다. 의료 현장과 인류학의 연결을 도와준 의료인들께 깊이 감사드린다. 자신의 질병 경험을 공유해준 환자분들이 없었다면, 이 책은 반쪽짜리에 불과했을 것이다. 의료인류학연구회, 생명정치세미나, 신유물론세미나, 존재론세미나, 의료역사연구회, 한국현상학회 월례발표회, 경희대학교 수요공부모임, 인문사회의학연구회에서 같이 공부해왔던 동료, 그리고 학생들과의 연결은 이 책의 논점을 벼리는 데 결정적인 역할을 해주었다. 또한 돌베개출판사와의 연결이 없었다면 이 책은 빛을 보지 못했을 것이다. 나라는 존재 자체가 연결의 결과라는 것을 매일매일 일상에서 확인해주는 아내와 딸에게 감사한다. 이들 중층의 연결망이 모여 『한의원의 인류학』이라는 책이 되었다. 그리고 다시, 독자들의 연결망을 이 책은 기다리고 있다. 독자들에게 미리 감사드린다.

2021년 2월
김태우

차례

일러두기

1. 이 책에서는 맥락과 상황에 따라 '한의학'과 '동아시아의학'이라는 용어를 혼용한다. 중국의 중의학, 일본의 캄포의학, 대만의 중국의학, 북한의 고려의학, 한국의 한의학이 공유하는 내용을 말할 때에는 '동아시아의학'을, 한국이라는 장소성과 연결된 의학·의료의 내용을 말할 때에는 '한의학'이라는 용어를 사용한다.

2. 이 책의 일부 내용에는 저자의 다음 논문을 바탕으로 수정·보완하고 논의를 발전시킨 부분이 포함되어 있다.

   • 「한의학 진단의 현상학과 근대적 시선 생경하게 하기」, 『한국문화인류학』, 2012.
   • 「위생, 매약, 그리고 시점의 전이: 한국사회 생명정치 시선에 대한 고찰」, 『과학기술학연구』, 2014.
   • 「만성병 수치화의 생명정치」, 『한국문화인류학』, 2014.
   • 「한의학 병명의 현상학」, 『철학과 현상학 연구』, 2015.
   • 「비교불가문화연구의 인류학: 생의학과 한의학, 인식과 실천의 분지 읽기」, 『비교문화연구』, 2016.
   • 「인터뷰 없는 현지조사: 동아시아 의료지식에 대한 인류학적 접근」, 『한국문화인류학』, 2017.
   • 「국민국가 의료체계 속 동아시아의학: 사암침 실천을 통해 본 전통의료의 존재 방식」, 『비교문화연구』, 2018.
   • 「치유로서의 인간-식물 관계: 존재론적 인류학으로 다시 읽는 동아시아의학 본초론」, 『비교문화연구』, 2018.
   • 「인간과 비인간 관계로서의 의료: 존재론적 인류학과 의료인류학의 접점 위에서」, 『한국문화인류학』, 2020.
   • "Tradition on the Move: Emerging Acupuncture Practices in Contemporary South Korea," *Asian Medicine*, 2016.
   • "Cultivating Medical Intentionality: The Phenomenology of Diagnostic Virtuosity in East Asian Medicine," *Culture Medicine and Psychiatry*, 2017.

3. 이 책의 사진들은 저자가 현지조사를 하면서 촬영한 것이다.

1장

몸에 관한 진실은
하나가 아니다

인류학자, 병원과 한의원에 가다

01

병원, 지시의 나라

"암 진단에서 가장 앞선 장비, PET-CT." 병원에 들어서자 건물 한 벽면을 다 덮은 광고가 시선을 끈다. 별관 건물 2층부터 4층까지 세 층에 걸쳐 있는 진단기기 사진과 광고 문구는, 그 건물 옆으로 가니 더 커 보인다. 나는 머리를 젖히고 광고를 올려다본다. 누워 있는 환자는 곧 원통 속으로 들어갈 참이다. 가운을 입은 의사가 환자를 바라보고 있다. "단 한 번 촬영으로 전신 암 조기 진단. 치매 및 심근경색 조기 진단." 사진 아래에는 내 몸통 크기의 글자들이 기기의 첨단 기능을 설명하고 있다.

광고로 뒤덮인 별관을 비켜 나는 본관으로 걸어간다. 본관 2층 외래진료실에서 진료를 참관하기로 되어 있다. 로비로 들어서자 이번에는 한 줄로 늘어선 숫자들이 시선을 끈다. "237, 238, 239, …876, 877…." 수납 창구마다 달려 있는 숫자 모니터는 그 아래 창구 직원들보다 크게 보인다. 창구 앞 대기석에는, 사람들이 모니터를 응시하며 앉아 있다. 여러 줄로 된 대기석이 꽉 차 있다. 창구 옆에는 대형 모니터를 내장한 기기들이 서 있다. 수납 창구 왼쪽과 오른쪽에 각각 한 대씩이다. "무인수납 처방전 발행." 왼쪽 기기의 이름이다. 오른쪽에는 "외래수납 번호표"라고 기기 위에 적혀 있다. 병원 로비에는 수납 창구만 있는 것은 아니다. 수납 창구가 있는 북쪽 벽면 옆으로, 동쪽 벽면에는 "검사 예약" 창구가 또 있다. 다음 내원 시 받게 될 검사를 예약하는 곳이다. "CT, MRI, 심장초음파, 핵의학 검사…." 첨단 진단 검사 이름들이 "검사 예약" 표지의 아래 부분에 적혀 있다.

1층 로비에서 나는 2층으로 올라가는 계단 쪽으로 방향을 잡는다. 병원은 벌써부터 사람들로 만원이다. 환자와 환자 보호자, 오는 사람, 가는 사람, 사거리를 이룬 복도에서 앞을 스치듯 횡단하는 사람, 휠체어를 밀어주는 사람, 침대를 끌고 가는 사람, 물건을 옮기는 사람. 언쟁의 장면도 있다. "이쪽으로 가야 한다니까. 사진 찍어야지." "수납 먼저 해야 한다니까." 병원 복도 사거리에서 부부가 잠깐 다툰다. 한 명은 환자고, 한 명은 보호자다. 화살표가 여럿인 표지판이 부부의 머리 위에 매달려 있다.

벌써 6개월째 정기적으로 방문하고 있지만, 이 병원에서 마주치는 순간들은 여전히 나의 눈길을 가져간다. 언제나 새로운 장소처럼 떠나 보면 병원에는 눈길을 끄는 장면이 하나둘이 아니다. 무엇보다, 병원은 지시로 이루어진 장소다. 벽에, 천장에, 표지판에, 모니터에는 지시가 가득하다. 환자들의 손에도 지시서가 쥐어져 있다. "순서 1: 가져야 할 곳 1층 수납." "순서 2: 가져야 할 곳 3층 영상의학과 접수." 간호사로부터, 혹은 접수 창구에서 받은 지시서를 지도처럼 들고 환자와 보호자들은 병원을 오간다.

병원처럼 이렇게 열심히 가야 할 곳, 해야 할 것을 가리키는 장소도 없을 것이다. 병원이 지시의 공간임을 명시하는 것은 화살표들이다. 병원 어디에나 화살표가 있다. ↑, →, ←는 기본이다. ⌐, ⌐, ⌐, ⌐뿐만 아니라 ↗, ↘도 있다. 화살표의 행렬은 2층으로 향하는 나를 지속적으로 안내한다. 로비에서 계단 쪽으로는 ↑가 방향을 지시한다. 가다 보면, 계단이 있는 통로로 빠져서 2층으로 올라가라는 ↗가 나를 맞는다. 2층의 계단 통로를 나오면 오른쪽으로 가다가 다시 우회전하라고 ⌐가 내가 가는 방향을 지시한다.

2층 외래진료실 앞에 도착하자, 환자들이 대기실을 이미 꽉 메우고 있다. 외래진료실마다 모니터가 붙어 있어 또 사람들의 시선을 빼앗는다. "박○준님 다음 진료입니다." "김○현님 다음다음 진료입니다." 이름 한 자를 동그라미로 처리한 자막이 모니터를 흐른다. 모니터 바로 옆 진료실 문이 열리며 간호사가 차례가 된 사람을 부른다. "○○○님 들어오세요."

나는 진료를 참관하기로 한 외래진료실 앞에 다른 대기자들과 함께 앉아 있다. 앉아서 담당 간호사가 나를 알아보기를 기다린다. 담당 간호사는 이 시간에 내가 온다는 것을 알고 있다. 도착했다고, 먼저 가서 말할 수도 있다. 하지만 오전 진료가 한참인 시간. 방해가 되지 않도록 조심한다.

천천히 기다리며 병원을 둘러본다. 진료실 벽면의 모니터 말고도 화면은 많다. 환자들 시선이 자연스럽게 갈 만한 곳에 티브이 화면이 있다. 음소거된 뉴스 프로그램이 자막과 함께 방영되고 있다. 적당한 간격의 티브이 사이에 병원 홍보물을 상영하는 화면이 따로 있다. 병원의 역사, 보유한 첨단 진단기기, 의료진의 윤리적 자세에 대한 영상이 흐른다. 기둥에 철재 브라켓을 잇대어 붙어 있는 화면도 눈에 띈다. 거기선 새로운 치료법을 소개하는 슬라이드가 흐르고 있다. 환자 대기석 가운데 서 있는 기둥에는 이런 포스터가 붙어 있다. "당뇨합병증이란?" "CGMS,* 이제 필수입니다." 의학 지식이나 첨단 진단기기에 대한 내용들이다. 둘러보면 병원에서는 여백을 찾기가 쉽지 않다. 공간마다 방향마다 지시와 지식으로 꽉 차 있다. 병원의 풍경은, 정물(靜物)로 가득한 사실주의 그림을 보는 느낌이다.

---

* Continuous Glucose Monitoring System, 연속적으로 혈당의 변화 추이를 볼 수 있는 진단기기이다.

인류학, 어떤 여행의 기록

인류학은 일종의 여행기이다. '여행' 대신 '현지조사'라는 말을 쓰고 여행하는 방식이 좀 특별하긴 하지만, 기본적으로 '거기'에 가고 거기에서 보고 들은 것을 기록한다. 인류학의 현지조사는 물론 한 번만 떠나는 여행은 아니다. 반복해서 거기에 간다. 오랫동안 머물기도 한다. 하지만 언제나 새로운 여행지처럼 보고 듣고 머문다. 인류학은 이 '우일신(又日新)의 여행'을 체계화한 학문이라고 할 수 있다. 인류학의 현지조사에는 곧잘 '장기간'이라는 꾸밈말이 붙는다. 허투루 넘겨짚지 않기 위해 오랜 시간, 연구하는 문화에 머무르며 그 문화를 접한다. 인류학에서 자주 언급되는 중층 기술(thick description)이라는 용어 또한 그러한 노력을 반영한다. 문화 현상은 층층의 조건들 위에서 드러나기 때문에 장기간의 현지조사를 통해 그 층위들의 심연까지 가보고자 한다. 여러 층위 중 일부 층만 바라볼 때, 그 문화와 사람들에 대해 설익은 단정을 하게 마련이다. 인류학자는 시간을 들여 깊은 여행을 하며, 사람들의 문화를 접하고 기록한다.

의료와 연결된 사람들과 그 사람들의 사회와 문화를 연구하는 나는 병원으로 여행을 떠난다. 나의 여행은 예를 들면, 아마존으로 떠나는 인류학자의 여행과 크게 다르지 않다. 동물, 식물과 함께 숲의 삶을 사는 사람들을 묘사하듯, 나는 지금 모니터와 표지판들의 숲 같은 한국의 병원을 묘사하고 있다. 또는

17

이 여행은 과학 실험실로 떠나는 인류학자의 여행과도 흡사하다. 과학이 어떻게 실험이라는 방법을 통해 '사실'을 만들어내고 유포하는지, 그 논리를 실험실 참여관찰을 통해 알아가듯, 나는 의료의 문법을 알기 위해 병원 진료실에서 참관을 한다.

새 여행지에서 우리가 흥미를 느끼는 것은 익숙하지 않은 장소에서 목격되는 다른 행위들이다. 그리고 그 장소와 행위가 체화하고 있는 문화와 역사다. 의료에 관한 인류학을 통해 여행을 떠나는 내게는, 그러므로 사람들이 다니는 병원 공간 자체가 읽을거리이다. 나는 인류학자의 눈으로 일상적으로 접하는 공간들을 '읽어'내려 한다.

병원 공간은 서양의학 지식의 양상을 드러낸다. 서양의학 지식은 엔트로피가 증가하는 방향성을 가진다. 초음파, 엑스레이 기기만 있으면 되었던 곳은 이제 CT, MRI를 보유하게 되었다. 또한 "가장 앞선 장비" PET-CT가 추가된다. 새로운 기기를 비치할 공간뿐만 아니라 그 기기를 다루고 해석할 수 있는 전문가도 필요하다. 이처럼 증대하는 지식의 방향성은 본관, 신관, 동관, 서관, 별관 등 병원건물 신축의 역사에 체화되어 있다. 연결통로로, 구름다리로, 거미줄처럼 이어져 있는 공간들을 위해 화살표는 필수다. 그러한 지시로 뒤덮인 공간을 한 번씩 헤매며, 우리는 그 의료 지식들과 함께 살아간다.

진료실 밖도 그렇지만 진료실 안에서도, 여행 온 자의 마음으로 바라보면 새롭게 발견되는 것이 한둘이 아니다. 장면들 하나하나가 읽을거리다. 대기실에 앉아 병원 공간을 둘러보던

나는 진료실 안으로의 여행에 다시 설렌다. 얼마 지나지 않아 담당 간호사가 나를 알아보고 눈인사를 보낸다. 의사가 곧 나를 부를 것이다. 진료실 내부에 대한 인류학적 현지조사가 오늘 다시 시작될 것이다.

한의원으로의 여행이 시작될 때

오늘은 두 곳에서 현지조사를 하는 날이다. 병원 현지조사가 끝나면 오후에는 한의원에 간다. 한의원 입구에서 나는 잠시 머뭇거린다. 입국심사장에서 줄을 서 있을 때의 긴장감을 잠깐 느낀다. 저 문을 열고 들어가면 또 다른 여행지가 나를 맞을 것이다. 짐을 찾아 공항을 나설 때 달라진 공기를 체감하듯, 한의원에 들어서면 병원과는 다른 장소라는 자각이 (이번에는 시각이 아니라) 후각으로 확 끼쳐온다. 한약 향, 뜸 냄새가 새 여행지로의 입장(入場)을 명시한다.

상가건물 2층에 위치한 한의원 앞에도 표지판이 있다. "진료과목: 한방침구과, 한방내과, 한방부인과, 한방소아과." "본 한의원에서는 동의보감의 원리를 통해 진단하고 치료합니다." 이런 문구가 한의원 입구 벽면에 붙어 있다. 하지만 오전의 병원만큼 시선을 가져가지는 않는다.

한의원에 들어서자마자 접수대의 간호사가 바로 나를 알아본다. 눈인사를 하고, 병원에서처럼 환자 대기실에 자리를 잡는다. 그곳에서는 후각과 함께 미각이 여행자를 반긴다. 다른 문화의 여행지임을 맛이 각인한다. 대기석에서 잘 보이는 자리에 오미자차가 놓여 있다. 한잔 따르자 연홍색의 오미자차가 흰색 종이컵을 확 채우며 침샘을 자극한다. 새콤달콤한 맛이 입안 가득하다. 약재 이름도 오미자(五味子, 다섯 가지 맛을 가진 약재라는 의미), 미각을 강조하고 있다.

한약과 뜸 향, 오미자 맛이 인상적인 환자 대기실에서, 나는 원장실로부터의 전갈을 기다리며 앉아 있다. 환자들 사이에 끼어 앉아 한의원의 공간들을 찬찬히 바라본다. 한의원 내부의 장면 자체도 그렇지만, 병원 공간을 번갈아 떠올리면 더흥미롭다. 공간은 그냥 공간이 아니기 때문이다. 인류학의 여행지에서, 생경한 공간의 모습들은 하나의 복선이다. 장기간의 현지조사 중에 어떤 공간이 그렇게 만들어진 이유가 수긍이 갈때가 있다. 공간의 특징에 대한 수긍이 그 공간 속 사람들에 대한 이해로 이어질 때, 공간의 복선은 극적인 효과를 발휘한다. '아하, 그래서 이곳은 이렇게 만들어졌구나.' 혼잣말을 할 때가 있다. 이런 순간들이 모여 인류학의 현지조사는 더 깊이 떠나는 여행이 된다.

이 한의원의 내부 구조는 접수대와 환자 대기실, 원장실, 침구실, 탕전실로 되어 있다. 이 공간들은 벽으로 나뉘어 있지만 따로따로 분리되어 있다기보다는 하나로 연결되어 있다는 느낌을 준다. 원장실에 달려 있는 두 개의 문이 이 연결되어 있음을 드러낸다. 문들은 대기실로도 나 있고 침구실로도 나 있다. 환자들은 한의사와 상담하기 위해 대기실과 원장실 사이의 문을 출입한다. 한의사는 침 치료를 위해 원장실과 침구실 사이의 문을 왕래한다. 이 문들의 구조는 한의사의 동선을 고려한 설계일 것이다. 달리 말하면, 한의사의 움직임과 행위를 바탕으로 이 공간들은 연결되어 있다. 주사실이 따로 있고, 검사실이 따로 있고, 약국이 따로 있고, 또한 그 사이의 구획이 분명한 병원 공간과는 차이가 있다. 여기선 침 치료도, 진단도 한의사와의 만남이 필요하다. 또한 한의사가 처방한 약이 탕전실에서 달여진다. 한의원에선, 진료가 좀처럼 한의사를 떠나려하지 않는다. 그러한 양상이 여기 내부 공간에 체화되어 있다. 병원과 한의원 내부 공간의 차이들은 어떤 복선일 것이다. 병원과 한의원에서 행하는 의료 행위, 더 깊이 있는 의학의 내용까지 연결되어 있는 복선일 것이다. 나는 그 기저에까지 가볼 결심으로, 진료실 안에서의 현지조사를 기다린다.

지금 원장실에서 상담 시간은 좀 길어지고 있다. 한의사는 환자가 나가고 다음 환자가 들어오기 전에 주로 나를 부른다. 이 환자가 나오면 아마 나를 부를 것이다. 혹은 환자가 나오고 침구실에서 침 치료를 한 다음에 부를 수도 있다. 상담이 늦어지면, 침구실 환자들도 오래 기다려야 하기 때문이다. 진료실 안이라는 여행지로의 출발을 앞두고, 나는 설렘을 감추며 담담한 얼굴로 앉아 있다. 이미 다른 여행지에 와 있지만, 나는 곧 저 문을 통해 이 여행지의 보다 깊은 곳으로 입장할 것이다.

동아시아의 몸, 서양의 몸

02

의학서의 두 그림으로부터

구리야마 시게히사(栗山茂久)의 『몸의 노래』는 의학사를 통해 몸에 대한 동서양의 관점 차이에 대해 이야기한다. 이 책은 다음에 제시된 두 장의 그림으로 시작한다. 왼쪽 그림은 14세기 동아시아에서 발간된 의학서에 있는 그림이고, 오른쪽 그림은 16세기 유럽에서 출판된 의학서에 있는 그림이다. 공히 사람의 옆모습을 그리고 있지만 두 그림이 드러내고 있는 몸은 분명한 차이가 있다. 오른쪽 그림에는 근육에 대한 묘사가 세세하며, 몸을 근육의 구획으로 바라보려는 관점이 드러난다. 여기선 눈에 보이는 것을 더 구체적으로 시각화하려고 했다. 자세히 보면 근육을 나누는 선들이 있고 각 근육마다 알파벳처럼 보이는 기호도 붙어 있다. 반면, 왼쪽 그림에서는 근육에 대한 관심을 찾아볼 수 없다. 하지만 기(氣)가 흐르는 길인 경맥에 대한 관심이 인지된다. 이 그림에 강조되어 있는 경맥은 사실은 눈에 보이지 않는다. 다리에, 옆구리에 선이 그어져 있지만, 가상의 선이다. 그 경맥을 흐른다는 기도 눈으로 확인할 길이 없다.

"가장 기본적이고 친밀해야 할 몸에 대한 인식이 어쩌면 이토록 다를 수 있을까?" 구리야마가 이 그림들과 함께 던지는 질문이다(구리야마, 2013: 8). 그리고 그에 대한 답을 의학사 문헌자료들을 통해 찾아가고 있다. 『몸의 노래』에서는 구체적으로 논의하고 있지 않지만, 이 그림들을 살펴보면 동서양이 어떻게 몸을 다르게 보는지 좀더 짚어볼 수 있다.

서양에서는 근육과 같은 가시적인 유형체(有形體)를 통해 인간의 몸을 바라보고자 했다. 한편, 중국, 한국과 일본을 포함한 동아시아에서는 기와 같이 가시적이지 않는 것도 몸에 관한 내용에 포함하려고 했다. 이러한 차이가 가장 잘 드러나는 경우는 사람이 죽었을 때다. 동아시아에서 말하는 경맥은 사람이 살아 있을 때만 유효하다. 경맥은 기가 다니는 길을 의미하기 때문이다. 죽은 몸에 기가 멈추면 경맥도 없다. 하지만 서양에서 강조한 근육은 죽은 후에도 유효하다. 아니, 죽은 몸을 해부했기에 근육에 대한 구체적인 표현도 가능했다. 서양의학에서는 죽은 몸을, 산 몸을 이해하기 위한 토대로 사용하며 의학적 관심의 대상으로 여겼다. 죽은 몸과 살아 있는 몸의 차이도 크

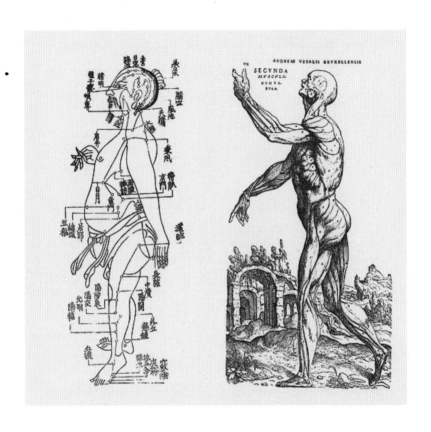

14세기 동아시아에서 발간된 의학서에 있는 그림(왼쪽)과 16세기 유럽에서 출판된 의학서에 있는 그림(오른쪽). 동서가 어떻게 몸을 이해하는지와 관련해 이 그림들에는 많은 질문이 연결되어 있다.

게 두드러지지 않는다. 하지만 동아시아의학에서는 달랐다. 동아시아에서도 죽은 몸은 예를 다해 장례를 치러야 할, 빼놓을 수 없는 관심의 대상이었지만, 의학적 관심은 결코 서양과 같지 않았다. 기가 흐르는 존재를 강조했던 동아시아에서는 죽은 몸과 살아 있는 몸의 차이가 확연하다. 기실, 몸 신(身)은 산 몸에만 사용되는 말이었다. 영어의 body가 산 몸에도, 죽은 몸(dead body)에도 사용되는 경우와는 달랐다. "수'신'제가치국평천하"(修身齊家治國平天下)라는 말을 떠올려보자. 동아시아의 몸은 집안을 바르게 하고, 나라를 다스리고, 천하를 평(平)하게 할 수 있는 바탕이 된다. 그러므로 몸은 사람의 육체를 넘어선다. 몸은 운동이나 체력 단련의 대상, 또는 해부학으로 알 수 있는 지식의 대상 이상의 의미를 가진다. 한마디로 서양의 몸과 동아시아의 몸은 같은 몸이 아니다.

그러므로 앞의 두 그림에는 많은 질문이 연결되어 있다. 동서는 무엇을 몸이라고 보았는가? 죽은 몸과 산 몸을 바라보는 시선의 차이는, 동서가 몸과 그 몸을 가진 존재를 이해하는 방식'들'과 어떻게 연결되는가? 어떻게 그 몸들을 알고 의학 지식들을 쌓아갔는가? 근육과 같은 유형체를 가시적으로 드러내고자 한 서양의학과 보이지 않는 것까지도 몸의 내용이라고 본 동아시아의학의 차이는, 동서 앎의 방식'들', 나아가서는 그 존재론'들'에 어떻게 연결되는가?

몸에 대한 동서의 관점 차이는 구리야마가 제시하는 과거의 의학서에만 있는 것은 아니다.* 오늘날의 의료 기관에서도 흥미롭게 목격된다. 근대 서양의학이 대두되면서 그 차이는 더 분명해졌고** 한국의 병원과 한의원에서 더 자명하게 드러난다. 물론 의료 현장에서 볼 수 있는 장면들은 의학서의 문자나 그림들만큼 정연하지는 않다. 하지만 그만큼 생생하다. 의료 현장의 언어와 행위들은 의료에 기입되어 있는 몸에 대한 관점, 그리고 몸이라는 존재에 대한 이해와 그 몸을 향하는 앎의 방식을 드러낸다. 그동안 병원과 한의원에서 현지조사를 하면서 지켜본 장면들이 있다. 이 책에서는 인류학자의 눈으로 읽어낸 그 관찰의 기록을 독자들과 공유하고자 한다.

호모 메디쿠스와 의료에 관한 인류학

인류학은 인간과 인간 집단의 양상, 곧잘 사회·문화라고 불리는 것에 대해 질문을 던지고 궁구하는 학문이다. 다양한 인간 집단으로 떠나고 머물며 학문적 작업을 한다. 인류학의 세부

---

*   지금까지 의료를 통한 몸에 대한 논의들은, 구리야마의 경우처럼 대부분 과거에 기록된 문헌에 바탕을 두고 있다. 구리야마의 『몸의 노래』뿐만 아니라 문헌을 통한 논의에는 다음을 포함해서 다수의 저작들이 있다. 강신익(2007), 고미숙(2011), 박석준(2015), 신동원 외(1999), 야마다 게이지(2018), 줄리앙(2014), Lloyd and Sivin(2002) 참조.

** 한국의 의료 기관에 대한 현장 연구를 바탕으로 하기 때문에, 이 책에서 말하는 서양의학은 주로 근대 이후의 서양의학이다. 근대 이후와 근대 이전의 서양의학은 괄목할 만한 차이를 보인다. 이에 관해서는 2장에서 좀더 구체적으로 논의할 것이다.

주제는 인간이 집단을 이룰 때 공통적으로 나타나는 구체적 양상들에 관한 것이다. 예를 들면, 언어를 통해 소통하고, 생계를 꾸리는 경제활동을 하고, 정치조직을 구성하는 것처럼, 인류의 모든 집단에서 발견되는 양상들은 각각 언어인류학, 경제인류학, 정치인류학이라는 인류학 세부 분야를 낳았다(윤은경·김태우, 2020). 의료 또한, 그 집단의 크기나 복잡함의 정도에 상관없이, 모든 인간 집단에서 관찰된다. 친족과 결혼제도 없는 인간의 문화가 없듯이, 의료 없는 인류는 없다.

인간들의 집단은 어떻게 예외 없이 의료를 가지는가? 호모 메디쿠스(Homo medicus)라고 부를 수 있을 이러한 인류의 양상은, 인류학으로 하여금, 그 학문의 형성 시기부터 의료에 관한 연구를 시작하게 했다. 언어 커뮤니케이션, 경제활동, 정치조직을 통해 인류학자들이 인간 집단의 양상을 읽듯, 의료는 또 하나의 의미 있는 방향에서 인간과 인간 집단에 대해 물음을 던지고 궁구하게 한다.

특히, 의료는 인간 존재에 대한 근본적인 질문과 연결되어 있다. 인간의 존재론적 바탕인 몸에 대한 질문과 맞닿아 있기 때문이다. 몸의 시작과 끝, 즉 탄생과 죽음의 문제와 이어져 있기 때문이다. 또한 몸에 대한 각 의료의 이해 방식은, 몸 밖 세계에 대한 이해 방식과 연결되어 있다. 동아시아의학의 기본 개념인 기(氣), 음양(陰陽), 사상(四象) 등이, 의료뿐만 아니라 동아시아 사유에서 중요한 개념인 것은 이러한 연결성을 예시한다. 근현대 서양의학이 인간 존재의 물질적 측면을 강조하는 방향으로 전개되어왔으며, 여기에는 서구 철학의 존재론적 이해가 전제되어 있다는 것은 또 하나의 예시이다. 특히, 데카르트 이후의 정신과 육체의 분리, 주체 중심의 세계 이해가 깊이 영향을 미쳤다.

의료에서 이러한 몸 안팎의 연결성을 읽을 수 있기 때문에 인류학자들은 의료를 통해 세계에 대한 각 문화의 관점들과 거기에 바탕을 둔 문화적 행위들에 접근할 수 있었다. 의료에 대한 연구 자체가, 그 의료가 진행되는 문화와 사회에 대한 연구로 바로 이어질 수 있었던 것이다. 인류가 자신의 존재(몸)를 바라보는 관점, 그리고 자신을 포함한 세계를 바라보는 관점이 각 의료에는 내재해 있다. 진단과 치료는 이러한 관점에 관한 의료적 표현들이다. 동아시아의학 연구*를 이끄는 인류학자의 한 사람인 주디스 파쿼(Judith Farquhar)는 다음과 같이 말한다(Farquhar, 2013: 105). "전 세계의 다양한 의료에 관한 연구들은 우리가 사는 세계가 얼마나 다양하고 얼마나 깊이 변화무쌍한지에 대한 질문을 가능하게 한다." 다양한 의료들은 세계에 대한 하나 이상의 이해가 존재한다는 것, 그 세계들을 사는 인간의 존재 방식 또한 하나로 획일되지 않는다는 것을 드러낸다. 그러므로 여러 의료에 대한 인류학의 논의는, 각 문화가 쌓아 올린 인간 존재와 세계에 관한 다양한 이해를 살펴볼 수 있

---

* 　동아시아의학에 관한 인류학 연구에 대해서는 Farquhar(1994), Hsu (1999), Kleinman(1980), Lock(1980), Scheid(2002), Zhan(2009), Zhang(2007) 참조.

는 기회를 제공한다.**

이 책은 동아시아의학, 그중에서도 한의학을 중심으로 이러한 논의를 펼치고자 한다. 한의학은 어떻게 몸과 아픔을 이해하는가? 어떻게 동아시아 사유 속에서 인간 존재 그리고 그 존재들의 세계를 말하고 있는가? 이는 서양의학과의 병치***속에서 더 분명해질 것이다. 의료'들'을 같이 말할 때, "우리가 사는 세계가 얼마나 다양하고 얼마나 깊이 변화무쌍한지"를 드러내 보이는 데 용이한 지점들을 확보할 수 있기 때문이다.****

이 책은 두 의료의 병치를 통해 차이를 드러내지만, 그 의료들이 양립 불가능하다고 말하는 것은 아니다. 오히려 그 반대다. 차이를 인지하면, 의료들 사이에 제대로 된 소통도 이루

** 이 책에서 논의하는 내용 외에도 의료인류학은 다양한 주제를 다룬다. 여기에는 사회적 고통, 돌봄, 노년, 출산, 장애, 제약, 임상시험, 감염병, 만성병, 생의학, 의과학기술, 그리고 각 질병에 대한 연구 주제 등이 포함된다. 이들 주제에 관한 예시와 리뷰는 윤은경·김태우(2020), 이현정·김태우(2017), 의료인류학연구회(2021), Lock and Nguyen(2018) 참조.

*** 이 책에서는 '비교'라는 말 대신 '병치'라는 말을 주로 사용하려 한다. 비교(比較)는 곧잘 기준을 상정한다. 한자의 뜻도 견줄 비(比), 견줄 교(較)다. 흔히 힘 있는 것, 익숙한 것이 그 기준의 중심을 차지한다. 의료'들'을 함께 말하는 것은 어느 의료가 훌륭하고 어느 의료는 못하다는 평가를 위한 것이 아니다. 비교라는 말을 사용하지 않으려는 것은 '기준의 중심'에 대한 질문 던지기이며, 이를 통해 두 의료 모두에 대한 보다 깊이 있는 이해도 가능해진다(김태우, 2016).

**** 이 책은 두 가지 의학에 대해 말하지만, 인류가 지금까지 경험했던 의료는 단지 둘이라는 숫자를 초과한다. 각 지역과 문화에 따라 의료들, 그리고 인류가 의료를 통해 경험한 세계들은 보다 다양하며, 이 책은 한의학과 서양의학이라는 제한된 예시를 들고 있다는 점을 분명히 할 필요가 있다.

어질 수 있다. 지금 한국사회에서 관찰되는 의료들 간의 반목 또한 그 중심에는 차이에 대한 이해의 부재가 있다. 의료들의 차이가 다층위·다측면을 가진 몸이라는 현상에 바탕을 둔 의료들의 다양성임을 인지한다면, '맞다/틀리다'의 관점에서 벗어나 몸에 대한 보다 넓고 깊은 이해로 나아갈 수 있을 것이다.

다차원의 몸, 하나가 아닌 의료

어떤 의료도 몸의 모든 양상을 온전히 다 설명할 수는 없다. 이것은 어떤 의료 지식이 가진 한계의 문제라기보다는 여러 층위와 여러 측면을 가진 몸이라는 존재의 문제이다. 앞으로의 논의를 통해 보다 분명해지겠지만, 몸은 하나의 의료에 의한 완벽한 설명을 허하지 않는다. 몸의 물질적인 측면을 강조하는 의료는 정신적이고 감정적인 측면에 대한 설명이 약할 수밖에 없다. 살아 있는 몸의 가변성을 강조하는 의료는 몸의 물질적인 측면에 대한 설명이 덜 구체적일 수밖에 없다. 하지만 이들 의료의 이해를 모아보면, 몸이라는 다차원의 모자이크를 맞춰 갈 수 있는 가능성이 열린다. 이 책이 말하고자 하는 것이 바로 이러한 복수(複數)의 진실로서의 몸이다.

이러한 논의가 반드시 필요한 것은, 의료의 영향력이 갈수록 증대하는 시대에 우리가 살고 있기 때문이다. 이제 우리는 의료와 분리될 수 없는 삶을 살고 있다. 의료는 현대인의 전

생애, 생로병사(生老病死)의 전 영역을 관장한다. 과거엔 '병'만 의료의 영역이었지만, 이젠 병원에서 태어나고[生], '안티에이징'이라는 담론처럼 늙음[老] 자체가 병이 되며, 질병을 앓는 것[病]은 말할 것도 없고, 병원에서 죽음[死]을 맞이한다. 한국사회에서 1960년대까지만 해도 의료인(조산사 포함)에 의한 출생은 20퍼센트 정도에 그쳤다(박윤재, 2008). 하지만 지금은 신생아 99퍼센트 이상이 병원에서 태어난다. 죽음을 맞이하는 주된 장소도 자가(自家)에서 의료기관으로 이동했다. 장례도 병원 장례식장에서의 의례가 주를 이룬다. '우리는 어디서 와서 어디로 가는가?'라는 질문에 '병원에서부터 와서 병원으로 돌아간다'라고 답해야 할 형국이다.

병원에서 맞이하는 생과 사 사이, 우리는 생애 마디마디에서 또한 병원을 다닌다. '병원을 다닌다'라는 말은, 의료가 일상생활이 된 한국사회에서 점점 더 적절한 표현이 되고 있다. 학교를 다니고 회사를 다니듯, 우리는 갈수록 병원을 다닌다. 출생[生], 예방접종, 분리불안장애, ADHD, 성조숙증, 인터넷·게임 중독, 성형수술, 고지혈증, 고혈압, 갱년기장애(요즘엔 남성 갱년기장애도 있다), 치매, 연명치료, 죽음[死]. 마치 통과의례 항목처럼 생애의 흐름과 나란히 질병과 의료적 개입의 항목들이 나열되어 있다. 우울증처럼 모든 세대가 경험할 수 있는 질병까지 포함한다면 이 목록은 더 길어질 것이다. 우리는 이들 질병과 의료를 경험하며, 혹은 그 질병들을 피하기 위해 또 다양한 경험을 하며 이들 의료 통과의례를 거쳐 간다. 건강염려증이 상당한 한국사회*에서 이러한 통과의례는 더 적극적으로 수행된다.

그러므로 의료는 건강을 위한 지식과 행위의 체계 이상의 의미를 가진다. 의료는 기본적으로 규정의 체계다. 의료는 무엇을 질병이라 하고 무엇을 건강이라 하는지를 규정하고, 그 바탕에는 몸에 대한 규정이 있다. 인간의 가장 기본적인 전제인 몸이 무엇인지 말하는 의료는 바로 인간에 대해 말하는 체계이기도 하다. 몸을 가진 인간은 무엇인가에 대한 언어가 의료에는 있다. 즉, 의료는 몸을 가진 존재인 인간을 규정하는 영향력 있는 체계다.

지금은 이러한 의료의 영향력이 더욱 강력해지고 있는 시대다. 이 시대는 의료에 대한 '읽기'를 요구하고 있다. 이러한 배경에서 이 책은 의료를 둘러싼 복수의 진실을 살피는 의료 읽기를 시도한다. 서양의학과 한의학(동아시아의학)이 공존하는 한국은 이러한 복수성을 고찰할 수 있는 고무적인 장소다. 근대 이후, 사람들의 이동과 문화 접촉이 본격화되면서 의료들도 병존하게 되었지만, 한국만큼 둘 이상의 의료 체계가 분명하게 존재하는 곳은 찾기 힘들다. 한의대와 한의사 제도가 없는 일본은 서양의학 쪽으로 상당히 기울어 있다. 특유의 중국화를 강조하는 중국에서는 서양의학과 동아시아의학의 중국식 혼종

---

* OECD가 정기적으로 실시하는 건강 통계에서, 한국은 건강염려증 항목에서 최상위 국가이다. 내가 지금 아프거나, 앞으로 아플 수 있다는 불안이 큰 사회이다.

이 강조되어왔다.** 서양의학이 지배적이고 동서의학이 섞이는 추세지만, 한국은 의료의 복수성과 몸에 대한 둘 이상의 이해를 돌아볼 수 있는 주목할 만한 땅이다. 복수의 의료를 통해 몸에 대한 진실이 하나가 아니라는 점을 인지한다면, 의료 담론에 매몰되지 않는 여지가 마련될 것이다.

또한 이는 우리 존재를 이해하는 더 넓은 지평으로 우리를 이끌 것이다. 우리는 하나로 규정되지 않는 존재들이 열어젖히는 가능성에 대해 말할 수 있을 것이다. 우리가 몸을 둘러싼 복수의 진실을 목격할 때, 그것은 그 몸들이 살아갈 하나 이상의 세계에 대한 상상력으로 이어질 것이다. 의료는 몸 밖의 세계도, 몸을 바라보는 시선으로 바라보게 하는 연결의 체계이기 때문이다. 몸은 '이렇게' 보고, 몸 밖의 세계는 '저렇게' 따로 보지 않는다. 몸을 규정하는 시선은 세계를 바라보는 그 시선이다.*** 병원과 한의원, 서양의학과 한의학(동아시아의학)에 대한 논의를 통해 이러한 세계'들'을 상상하는 것이 가능해진다면, 그것은 추구해볼 만한 일일 것이다. 그 작업을 이 책은 해보고자 한다.

** 동아시아 각 국가의 동아시아의학 상황에 관해서는 김태우(2017b) 참조.
*** 몸을 규정하는 시선과 몸 밖을 규정하는 시선의 일맥상통함이 한 시대의 에피스테메를 이룬다. 미셸 푸코(Michel Foucault)는 이 일관된 시대의 시선을 말하기 위해 『임상의학의 탄생』을 썼다. 푸코는 이 책에서 몸 안팎을 관통하는 시선이 근현대라는 시대에 어떻게 드러나는지 이야기한다(Foucault, 1994). 의료가 담지한 몸 안팎의 이해는 각 시대와 문화에서 다양하게 드러나며, 이것이 인류 존재론의 복수성을 구성한다.

이어지는 각 장에서는 의료의 세부 주제인 진단, 의학 용어, 치료를 중심으로, 의료를 통해 읽을 수 있는 몸과 세계에 대해 구체적으로 논의할 것이다. 의학적 설명이 아니라 의료 현장을 참여관찰하는 인류학자의 시선으로, 몸들의 존재 방식에 대한 논의의 장을 제공해보고자 한다.

2장에서는 진단을 통해 몸에 대한 앎이 어떻게 구성되는지 살펴본다. 진단에는 기본적으로 '무엇을 병이라고 하는가'라는 질문이 전제되어 있으며, 서양의학과 한의학(동아시아의학)이 각각 어떤 몸의 이해 위에서 그 병을 바라보는지가 드러난다. 3장에서는 2장의 진단을 바탕으로 병과 몸에 대한 앎을 어떻게 의학의 언어로 표현하는지를 이야기한다. 의료 '들'은 하나의 몸을 달리 부르는 것이 아니라 복수의 몸에 대해 말하며, 그러므로 그 몸 '들'에 대한 표현도 당연히 다르다. 4장과 5장에서는 앎의 대상이자 표현의 대상인 몸에 의료가 어떻게 개입하는지를, 특히 동아시아의학의 침과 약을 통해 논의한다. 몸을 낫게 한다는 것은 몸에 변화를 일으킨다는 것이므로, 몸과 침, 몸과 약(몸 밖 존재들)의 관계를 들여다보면 서양의학과 달리 동아시아의학이 몸 안팎을 어떻게 이해하는지에 대해 접근할 수 있다. 앞으로의 논의는 진단·의학 용어·치료의 측면에서 몸의 면면들을 모아 몸을 입체적으로 그려보려는 작업이며, 이것은 몸이라는 것이 인식(앎)과 언어(말)와 존재를 연결하는 장임을 드러내는 과정이 될 것이다.

「나가며」에서는 다시 한 번, 몸의 복수성이 가지는 함의를 짚어본다. 논의를 좀더 확대해 철학과 예술 그리고 의료인류학의 접점 위에서 하나가 아닌 몸의 가능성을 이야기한다. 「덧붙여」는 앞에서 제기된 말의 문제, 그리고 그 말에 연결된 존재의 문제를 부연한다. 이 책에서 주로 사용한 단어들이 엄밀히 보면 잘못 사용된 경우도 있었다는 점을 밝히면서, 피할 수 없는 언어 '오용'의 문제와 함께 우리의 존재가 몸과 앎과 말 그리고 세계와 연결되어 있음을 강조하고자 한다. 이 책의 마지막에서 이 연결의 존재 방식에 주목하는 것은 새로운 연결의 가능성을 찾아보자는 제안이 될 것이다.

2장

진단,
몸을 알다

첫 대면, 진료실

01

왜 진단을 이야기하는가

진단은 치료의 시작과 끝이다. 진단을 통해 치료가 시작되지만, 그 종결까지 아우르는 것이 진단이다. 진단에서 파악된 문제가 해결되는 것이 치료의 종결이기 때문이다. 처음과 끝 사이, 의료의 많은 내용이 진단에는 포함되어 있다. 무엇을 문제로 보는가? 우선, 이 질문이 중요하다. 아픈 이의 '고통'이 기본적인 문제이지만, 이것은 다시, 고통을 야기하는 문제는 무엇인가라는 근본적인 질문으로 이어진다.

진단에서 문제에 대한 앎은, 그 문제의 해결 가능성까지 연결되어 있다. 문제만 알고 해결 가능성이 없다면 의료는 성립하지 않는다. 해결 가능성이 있는 것을 진단은 문제시한다.

진단에는 해결의 방법론이 포함되어 있다. 문제 인지, 처치 방법, 문제 해결을 모두 하나로 꿰고 있는 것이 진단이다. 그러므로 "어디가 아프셔서 오셨습니까"라는, 우리가 병원과 한의원에서 듣는 첫마디에는 다른 말들이 생략되어 있다. '어떻게 아픈지 이야기하면, 방법을 찾아보겠습니다', '방법을 찾아 해결해보겠습니다'라는 말들이 내재해 있다.

처음과 끝이 꿰어 있는 진단은 의료 '들'이 가진 특징을 훌륭하게 드러내는 테마다. 다양한 지역에서, 다양한 사유 속에 단련된 진단 '들'을 들여다보면, 그 진단이 문제시하는 것들을 통해, 몸을 바라보는 관점, 사람을 바라보는 관점, 또한 (질병의 외부 원인 같은) 몸 밖의 존재들을 바라보는 관점이 드러난다. 진단에는 그 사회와 문화가 담금질해온, 어떻게 볼 것인가, 무엇을 볼 것인가 하는 질문이 내재해 있기 때문이다. 이것이 같은 몸을 바라보며 서양의학은 세포, 효소, DNA를 이야기하고 동아시아의학은 정, 기, 신, 맥을 강조하는 이유, 이러한 시선의 차이를 낳는 근본적인 이유이다. 그러므로 진단은, 각 지역의 문화 속에 내재한 앎의 방식과 존재 이해 방식을 의료의 이름으로 흥미롭게 드러낸다.

진단이 의학의 과제이면서 동시에 철학과 인류학의 과제인 이유가 여기에 있다. 철학이라고 하면, 우리는 서구의 철학 전통을 떠올린다. 하지만 비서구에서도 각각의 앎의 방식과 존재 이해 방식이 있고, 이를 바탕으로 저마다의 철학을 쌓아 올렸다. 이 비서구 철학의 보고가 바로 다양한 의료 전통의 진단'들'이다. 철학의 인식론과 존재론에서 다루는 문제가, 몸을 어떻게 바라보고 무엇을 몸의 문제로 보는가의 내용으로 진단에 포함되어 있기 때문이다.

　인류의 의료는 다양하지만, 물론 차이점만 있는 것은 아니다. 아픈 이들을 낫게 하고 고통을 경감시키고자 하는 목적은 모든 의료가 공유한다. 하지만 그 목적을 달성하기 위해 추구하는 방향성은 단일하지 않다. 그 다양성을 낳는 기저에는 몸과 인간 존재를 이해하는 방식의 차이가 있다. 이는 진료 공간 내 의료인과 환자의 일거수일투족에서 흥미롭게 드러난다.

진료실 풍경

병원에서 의사는 환자가 진료실에 들어오는 순간, 통상 모니터를 바라본다. 한의원 진료실에서는 문을 열고 들어오는 환자를 바라보는 한의사의 모습을 볼 수 있다. 사소한 차이인 것 같지만, 의료인과 환자의 이 첫 대면 장면에는 서양의학과 한의학이 각각의 역사 속에서 단련해온 진단의 차이가 숨어 있다. 물론 사람을 보는 의사도 있고, 모니터를 보고 있는 한의사도 없지 않아 있다. 하지만 각각의 의료 공간에서 대체적으로 관찰되는 경향이 있으며, 그 경향의 기저에는 동서가 몸을 바라보는 관점과 그 관점을 진료 행위에서 구체화해온 의료의 차이가 존재한다.

먼저, 병원 진료실로 가보자. 환자가 문을 열고 들어서며 먼저 인사를 건넨다. "안녕하세요." "예, 안녕하세요." 모니터를 보던 의사는 인사를 받으며 환자를 잠깐 바라보기도 한다. 하지만 그것은 인사를 위한 일별일 뿐, 시선은 다시 모니터로 향한다.

상담 시작 전까지, 의사는 문제를 확인하고 대략적으로나마 치료의 방향성을 잡고 상담 테마를 준비해놓아야 한다. 검사 결과를 바탕으로 해서 말이다. 모니터에 떠 있는 자료의 양이 적지 않다. 초진 환자의 경우, 각종 검사 결과가 의사에게 제공된다. 재진 환자의 경우, 검사 결과를 다 살펴보아야 할 부담은 줄어든다. 하지만 지난번 검사와 이번 검사 결과를 비교하는 작업을 해야 한다. 지난번 검사 결과와 치료 방향성을 확인하고, 이번 내원에서의 치료 방향을 정하는 작업이 필요하다. 초진 환자든, 재진 환자든, 환자가 진료실에 들어오고 의사 옆 환자 의자에 앉을 때까지, 의사는 환자의 문제를 어느 정도 인지하고 있어야 한다. 환자의 검사 정보들이 수치와 영상 자료의 형태로 모두 모니터에 떠 있다. 의사의 눈길이 모니터에 가지 않을 수 없다. 그러므로 의사는 '모니터를 보고 있다'라고 말하기보다 '모니터를 볼 수밖에 없다'라고 말하는 것이 더 정확한 표현일 것이다. 의사의 시선이 모니터에 가 있는 것은 진료실 밖에서 진행된 진단의 결과를 '보아야 하기' 때문이고, 그를 바탕으로 상담부터 처방까지 해야 하기 때문이다.

이번엔 한의원 진료실을 살펴보자. 환자가 들어서는 순간부터 한의사는 환자에게 시선을 보내고, 대화를 나누는 시간도 통상 병원보다 길다. 하지만 이것이 한의사가 환자를 대하는 태도가 인간적이라는 뜻은 아니다. 그것은 한의학의 주요 진단이 진료실 안에서 한의사와 환자 사이에서 직접 진행되기 때문이다. 즉, 한의사가 환자를 직접 알아가는 방식으로 진단이 진행된다. 맥진(진맥)을 떠올려보자. 몸에서 맥이 가장 분명하게 뛰는 자리(통상 엄지손가락 쪽 손목 부근이다)를 정하고, 거기에서 느껴지는 진동의 양상을 통해 환자의 상태를 파악하는 것이 맥진이다. 맥진을 위해서는 한의사와 환자가 마주해야 한다. 한의사의 손과 환자의 손목이 접촉해야 하기 때문이다. 맥진뿐만 아니라 다른 진단법도 마찬가지다. 한의사와 환자가 마주해야 하는 것이 한의학 진단의 주요 원칙이다.

서양의학과 한의학 진단이 이루어지는 첫 장면에서 주목해야 할 부분은 '거리'다. 두 의학이 의료인과 환자 사이에 얼마까지의 거리를 용인하는가이다. 그 사이에 모니터가 낄 정도로, 서양의학에서는 의사와 환자 사이의 거리가 떨어져 있는 것이 용인되곤 한다. 하지만 한의학은 그러한 용인이 쉽지 않다. 맥진과 같이, 환자에게서 드러나는 현상을 한의사가 직접 인지하는 방식으로 진단이 진행되기 때문에 한의사와 환자의 대면이 필수적이다. 여기서 '환자에게서 드러나는 현상'에는 환자의 자세, 태도, 습관도 포함된다.

기실, 환자가 진료실에 들어서는 모습은 환자의 상태에 대해 많은 것을 말해준다. 문을 확 열고 당당하게 들어오는 환자가 있는가 하면, 문을 조심스럽게 열고 쭈뼛쭈뼛 들어오는 환자도 있다. 거동이 불편한 듯 천천히 들어오는 환자, 왼쪽 다리를 가볍게 절며 들어오는 환자, 몸짓이 힘들어 보이는 환자, 에너지가 넘치는 모습을 한 환자도 있다. 편한 표정으로 웃으며 들어오는 환자, 의심스러운 눈길로 주위를 살피며 들어오는 환자도 있다. 이렇게 드러나는 자세, 태도, 습관 등도 한의학에서 환자의 상태를 진단하는 데 중요한 자료들이다. 그렇기 때문에 들어서는 첫 장면이 상담 과정에서 언급되기도 한다. "아까 들어오실 때 보니 자세가 오른쪽으로 조금 기울어 있는 것 같은데…." "아, 그거요. 제가 5년 전쯤에 교통사고를 당했는데, 지금은 뭐, 불편한 것은 없어요." 자세가 환자의 병력을 드러내주기도 한다. 한의학에서는, 환자가 진료실로 들어서는 순간부터 진단이 본격적으로 시작된다. 모니터에 떠 있는 자료보다 사람에게 진단할 내용이 있으므로, 한의사의 시선은 문을 열고 들어서는 사람에게로 향한다.

대상 고정하기와 흐름 읽기

02

서양의학의 확실한 대상들

병원과 한의원에서 의료인과의 첫 만남이 이처럼 다르게 관찰되는 이유는 무엇일까? 기본적으로, 서양의학에서는 의사가 없는 곳에서도 진단이 진행되며, 한의학에서는 한의사가 부재하면 진단이 수행되기 어렵다는 사실 때문이지만, 그 기저에는 두 의학이 상정하고 있는 진단 대상의 차이가 놓여 있다. 진단 대상들을 병치해보면 서양의학과 한의학(동아시아의학)이 바라보고자 하는 것들의 차이가 분명해진다.

서양의학은, 예를 들면 콜레스테롤, 혈당, 아밀로이드-베타, 암세포, 추간판 같은 대상들을 파악하고 측정하기 위한 여러 진단 검사를 발전시켜왔다. 이에 따라, 다양한 진단 검사는 지금 서양의학의 중요한 특징으로 자리 잡았다. 대표적으로 생화학 검사와 영상의학 검사를 들 수 있을 것이다. 생화학 검사를 통해 질병의 존재를 확인할 수 있는 생체물질을 검사한다. 콜레스테롤의 양, 혈당의 양을 측정해 고지혈증, 당뇨병이 진단된다. 아밀로이드-베타는, 최근에 치매를 진단할 수 있는 생체물질로 주목받고 있다. 또한 영상의학 검사를 통해 장부의 병변이나 골격의 이상이 확인된다. 내시경, CT, MRI 검사를 통해 위암, 그리고 척추 이상인 추간판탈출증(디스크)을 진단할 수 있다.

여기서 분명히 해야 할 것이 있다. 지금 기술하고 있는 서양의학은 19세기 이후에 본격화된 근현대 서양의학을 말한다. 우리가 접하고 있는 근현대 서양의학은 그 이전의 서양의학과 몸에 대해 확연히 다른 관점을 바탕으로 하기 때문에, 그 차이를 분명히 할 필요가 있다. 흥미롭게도, 근대 이전의 서양의학, 예를 들면 히포크라테스 의학은 오히려 동아시아의학에 가깝다고 할 수 있다.* 근현대 서양의학의 주축인 병리해부학은 내부 장기의 병변(해부학)을 바탕으로 질병의 메커니즘(병리학)을 논하는 인과론의 체계이다. 병리해부학이 중요한 것은 그것이 그 의학의 내용을 넘어, 서양의학의 시선 처리를 명시하는 체

* 근대 이전 서양의학의 주요 이론이라고 할 수 있는 4체액설의 경우, 혈액, 점액, 황담즙, 흑담즙의 균형이 깨진 것을 질병으로, 이 체액들의 균형을 잡아주는 것을 치료로 본다. 균형을 강조하는 동아시아의학을 상기시키는 내용이다.

계이기 때문이다(Foucault, 1994). 몸을 공간의 체계로 바라보면서, 일부 몸 공간의 병소(病所)로 시선을 던져 질병을 특정하는 방식이다. 여기에 로베르트 코흐(Robert Koch)와 클로드 베르나르(Claud Bernard)로 대표되는 실험실의학의 이야기를 더하면 근현대 서양의학 탄생의 역사는 퍼즐이 맞춰진다. 실험실의학 또한 질병의 원인을 특정하는 시선을 병리해부학과 공유한다. 예를 들면, 콜레라의 콤마 박테리아(코흐)나 당뇨병의 글루코스(베르나르)가 그러하다. 병변, 병원균, 생체물질 등 진단의 대상을 고정하고 특정하고 확인하는 것이 근현대 서양의학이 몸을 바라보는 방식이다.

근현대 서양의학의 역사에서, 특히 이 책의 논의를 위해 강조해야 할 부분은, 19세기부터 지금의 유전자의학에 이르기까지 서양의학의 눈부신 변화의 와중에서도 변함없이 면면히 흐르고 있는 테마가 존재한다는 사실이다. 그것은 확실한 의학적 대상의 확보라는 근본적인 방향성이다. 이를 위해 대상의 고정이 강조된다. 고정되어야 확실할 수 있다. 이러한 일관된 방향성을 통해, 해부학적 장기 및 병원균에서부터 생체물질(콜레스테롤 등), 신경전달물질(세로토닌 등), 그리고 DNA에 이르기까지 의료적 진단과 치료의 대상을 확보해나간 것이 근현대 서양의학의 역사라고 할 수 있다.

서양의학이 주목하는 확실한 대상들을 살펴보면 그 의학이 몸에 대해 견지하고 있는 관점이 드러난다. 근현대 서양의학사에 관한 영향력 있는 학자인 찰스 로젠버그(Charles Rosenberg)

는 서양의학은 "존재론적으로 실재하고 확실하게 구체적인 질병독립체(disease entities)를 상정한 것이 (진료를) 조직하는 원칙을 구성"(Rosenberg, 2007: 15)한다고 말한다. 대상들은 '독립체'이다. 그것과 그것 이외의 것들 사이에 분리가 가능하다. 질병독립체는 우리 몸의 복잡하고 다양한 생명 현상과 질병 현상에서 분리할 수 있는 무엇이다. 특히 물질적으로 확인하고 분절할 수 있는 대상이다. 탈출된 디스크처럼 맨눈으로 확인 가능한 것은 말할 것도 없고, 콜레스테롤, 글루코스, 아밀로이드-베타 등은 모두 우리 몸에서 발견되며 확인과 분리와 측정이 가능한 물질들이다. 정신질환의 경우에도 서양의학에서는 세로토닌이나 도파민 같은 특정 가능한 물질에 관심을 갖는다.

흐름을 읽는 동아시아의학

한의학(동아시아의학)의 진단 방식은 질병독립체를 강조하는 서양의학과 거리가 있다. 콜레스테롤, 혈당, 아밀로이드-베타, 암세포, 추간판 같은 서양의학의 진단 대상과 얼굴색, 맥, 목소리, 체형, 자세와 같은 한의학의 진단 대상을 병치해보면 뭔가 차이가 있다는 것을 알 수 있다. 분명히 설명하지는 못하더라도, 느낌으로나마 누구라도 알 수 있는 이러한 차이는 어디서 기인하는 것일까? 동아시아의학은 '고정', '독립된 대상'을 강조하기보다는 '흐름'과 '상황'에 깊은 관심을 가진다. 한의학에는 "통즉불통 불통즉통"(通則不痛 不通則痛)이라는 유명한 말이 있다. 통하면 고통이 없고 통하지 않으면 고통이 있다는 뜻이다. 흐름이 순조로우면 병이 없다. 아프지 않고 편한 몸이다. 하지만 흐름이 순조롭지 못하면 건강은 흔들리기 시작하고 질병과 가깝게 된다. 한의학의 진단은 흐름이 순조롭지 못할 때 드러나는 상황에 대한 고찰이라고 말할 수 있다.

얼굴색을 예로 들어보자. 얼굴에 붉은빛이 돈다면 그 붉은빛이라는 상황을 연출한 흐름상의 사건이 있을 것이다. 차가운 '기(氣)운에 감(感)촉'*되어 열이 난다면, 열기라는 흐름의 양태가 얼굴빛을 붉게 했을 것이다. 흐름이 순조롭지 못하고 위로 솟구치는 경향성으로 얼굴이 붉어졌다면, 흐름의 막힘, 흐름의 역상 등 환자의 몸에서 그 원인을 찾아가면서 진단할 수 있을 것이다. 또한 흐름상의 사건을 발생시킨 원인은 좀 더 넓게 보면 생활 전반으로 확대된다. 생활도 흐름의 일부다. 생활에서 흐름이 순조롭지 못한 일이 일어난다면, 그것이 병을 일으킬 수 있다. 생활에 대한 부분은 진단에서 질문의 형태로 곧잘 파악된다.** 매일같이 술을 마신다면, 또한 그 양도 적지

---

* 여기서는 감기(感氣)라는 말의 뜻을 풀어서 표현해보려 하였다. 감기는 차가운 기운처럼 몸에 부정적 영향을 줄 수 있는 기운(氣)에 감촉(感)되었다는 뜻이다. 감기라는 용어가 한의학에서만 사용된다는 것은 흥미로운 부분이다. 동아시아의학을 공유하는 지역이지만, 중국, 일본, 대만 등에서는 사용되지 않는다.

** 질문 형태의 진단인 문진(問診)은 서양의학에서도 중요한 부분이다. 병력을 묻는 등 질문을 한다는 점에서 동서의학의 진단은 비슷해 보이지만, 문

않다면, 술의 열기가 매일같이 그 사람의 몸에 영향을 주어 흐름이 순조롭지 못할 것이다.

동아시아의학에서는 질병독립체를 특정하고 측정하기보다는, 이와 같이 흐름을 읽고자 한다. 여기서 흐름을 '읽는다'는 것은 동아시아의학의 진단을 말하기 위해 특히 적절한 표현일 것이다. 흐름을 측정하는 것이 아니라, 전반적인 흐름을 염두에 두고 흐름이 순조롭지 못한 상황을 파악하는 것, 즉 읽어내는 것이 동아시아의학의 진단이다. 야구감독이 경기의 흐름을 읽어 투수를 교체하듯, 혹은 대타를 적재적소에 투입하듯 한의학에서는 몸에서 일어나는 흐름을 '읽는다'. 흐름을 잘 읽어 대타가 성공하면 경기의 흐름이 바뀌듯, 한의학에서도 몸의 흐름을 읽어 그 흐름을 바꾸려 한다. 그것이 한의학 진단과 연결된 한의학의 치료다.

허리가 아픈 환자의 경우를 생각해보자. 한의학은 추간판이라는 독립체에 주목하기보다는 아프게 된 상황을 읽는다. 막혀 있어 아프면 막힌 것 때문에 흐름이 순조롭지 못한 것이다. 이때는 막힌 것을 풀어주어 치료한다. 눌려 있어 아프면 그 눌림 때문에 흐름이 순조롭지 못한 것이다. 치료는 눌린 것을 들어주는 방향으로 전개된다. 이를 위해 생활에서 만들어진 흐름의 경향성을 파악한다. 젊은 사람이 무거운 것을 들다가 갑자

진에도 분명한 차이가 있다. 이 장 후반부에서 문진에 대해 구체적으로 살펴볼 것이다.

50

기 허리가 아프다면, 이것은 흐름이 갑자기 막혀서 통증이 온 것이다. 불통즉통(不通則痛)의 상황이다. 지쳐 보이는 노인이 허리 통증을 호소할 때는 흐름이 눌려서 순조롭지 않은 경우가 많다. 이때는 눌림을 들어주고 힘을 보충할 수 있는 치료를 통해 흐름이 좋아질 수 있다.

이와 같이 흐름의 상황을 파악하는 것이 중요하기 때문에 진료실에 들어서는 환자에게 한의사의 눈길이 가는 것은 당연한 응대의 방식이다. 한의학에서는 대면을 통해 흐름을 읽어내기 때문에, 흐름을 (측정이 아니라) 읽을 수 있는 사람이 중요하다. 그러므로 한의사가 있는 곳에서 진단이 일어나고, 환자가 들어서는 순간부터 한의사는 환자를 보고 있는 것이다. 마찬가지로, 병원에서 환자가 들어서는 순간 모니터에 눈길이 가 있는 것 또한 당연한 응대의 방식이다. 서양의학에서는 질병독립체를 특정하고 측정하여 진단하고, 그 자료와 수치를 분석하는 일이 중요하기 때문이다. 흐름을 강조한다고 하지만 한의학이 몸의 고정적 측면에 관심이 없는 것은 아니다. 한의학도 고정된 무엇에 관심을 가진다.* 하지만 그 대상보다, 근본적으로 그 대상이 생기게 된 흐름에 주목한다.

---

* 담음(痰飮), 옹저(癰疽), 피부과 질환 같은 것이 고정된 무엇이라고 할 수 있을 것이다. 담음은 우리 몸속 체액 중 순조롭지 못한 흐름으로 인해 만들어진 것으로, 찌꺼기가 포함된 체액이라고 표현할 수 있다. 옹저는 우리 몸에 가시적인 병변이 일어난 부분을 지칭하는 용어다. 종양도 여기에 포함된다.

'기란 무엇인가'

한의학에서 흐름에 대한 강조가 가장 잘 드러나는 말이 바로 기(氣)이다. 한의원 상담에서도 흔히 흐름과 관련된 기의 상황이 표현된다. '기가 막혔다', '기가 치우쳤다', '기가 부족하다'(부족하여 잘 흐르지 못한다)와 같은 말들이 곧잘 사용된다. 이와 같은 한의학 진단을 이해하기 위해서는 기에 대해 살펴봐야 한다. 기는 동아시아에서 몸을 바라보는 관점과 그 관점으로 바라본 생명과 질병을 이해하는 데 피해 갈 수 없는 주제이다.

그렇다면 기란 무엇인가? 기에 대해서 말하는 것은 쉬운 일이 아니다. 여기에는 적어도 세 가지 이유가 있다. 첫째, 기라는 말이 아주 다양하게 사용되기 때문이다. 이기(理氣), 기일원론(氣一元論), 호연지기(浩然之氣)와 같이, 기는 동아시아철학에서도 중요하게 사용되는 개념이다. 기의 다의성이 기에 대해 말하는 것을 어렵게 한다. 둘째, 우리가 기의 인식론 및 존재론과 거리가 있는 근대 이후를 살고 있기 때문이다. 근현대라는 시대는 고정하고 규정하고 분석하는 시대정신을 가지고 있다. 기는 이러한 경향과 거리가 있다. 셋째, 기 자체가 말이라는 기표(記標)에 저항하는 성향이 있기 때문이다. 말이라는 재현 그릇에 기는 잘 담기지 않는다. 두 번째 이유와 깊이 연관되는 이 세 번째 이유가 기에 대해서 '말하는 것'을 어렵게 하는 근본적인 이유다.

이러한 어려움들을 극복하기 위한 한 방편으로서, 여기서는 의학, 특히 진단과 관련해 기에 대해 말해보려고 한다. 의학 진단에서 쓰이는 기를 이야기하다 보면, 광의의 기로 나아갈 수 있는 길도 열릴 것이다. 먼저 '기란 무엇인가'라는 질문 자체부터 살펴볼 필요가 있다. 기를 알기 위해서 묻는 당연한 질문 같지만, 여기에는 기가 '무엇'이라는 전제가 깔려 있다. 무엇이라고 정할 수 있는 대상이라는 전제가 있는 것이다. 하지만 '기란 무엇인가'라는 질문으로 기에 접근하려 하면 허방을 짚기 쉽다. 기는 대상이 되는 무엇이 아니다. 무엇으로서의 기를 찾으려 하면 패착이 된다. '기는 에너지다', '기는 ATP*다'와 같은 표현들은 무엇으로서의 기를 찾으려 한 데서 나온 답들이다. '기란 무엇인가'보다는 '어떻게 기를 표현하는가'라는 질문이 기에 대한 접근을 가능하게 할 것이다.

기는 양상에 관한 것이다. 기는 양상이지만 물질적 기반이 없는 것은 아니다. 나는 한 번씩 강의실에서 주먹을 휘두를 때가 있다. 갑질을 하는 것이 아니라, 기를 표현해보기 위해서이다. 주먹질을 허공에 두 번 한다. 한 번은 천천히, 힘없이 주먹을 허공에 던진다. 학생들이 잘 보이도록 오른쪽에서 왼쪽으로 던진다. 그리고 또 한 번은 아주 빠르고 힘차게 주먹으로

---

*   adenosine triphosphate, 몸의 활동을 에너지 측면에서 설명할 수 있게 하는 물질이다. 활동을 통해, 사용을 하면 ADP(adenosine diphosphate)가 되고 다시 대사 과정을 거쳐 ATP로 재생된다. 특정할 수 있는 유기화합물인 ATP로 몸의 활동을 이해하는 것은 기를 통한 이해 방식과 차이가 있다.

좌우 허공을 가른다. 그 두 번의 주먹질로 기를 표현해보려 한다. 앞의 주먹질을 '기가 허하다'라고 할 수 있다. 뒤의 주먹질은 '기가 왕성하다'라고 할 수 있다. 이렇듯 기는 양상이다. 드러남이다. 하지만 이것이 완전히 허무맹랑한 무형(無形)은 아니다. 주먹이라는, 나아가서는 몸 전체라는 토대 위에서 일어난 일이다.

한의학 진단에서 기를 통해 그 사람의 상태를 알 수 있다는 것은 주먹질을 통해 그 사람의 몸에 대해 알 수 있는 것과 같다. 기운이 있는지 기운이 부족한지를, 주먹을 던지는 모양새를 통해 알 수 있듯이, 사람들의 행동, 태도, 상황을 통해 기의 양태를 읽어갈 수 있다. 의료 현장에서 이러한 양태는 얼굴색, 맥, 목소리, 체형 등으로 다양하게 드러나며, 이들은 진단과 치료를 할 수 있는 바탕이 된다.

기는 그 사람을 알게 한다. 노'기'를 띠는 사람, '기'운이 없는 사람, 활'기'가 있는 사람, 숫'기'가 없는 사람, 놀란 '기'색이 역력한 사람…. 이렇게 기는 존재에 대해 알게 해준다. 환자가 진료실 문을 열고 들어오는 순간은 환자의 기를 살필 수 있는 귀한 시간이다. 흐름의 양상을 읽으려고 하는 동아시아의학의 방향성이, 진료가 개시되려는 순간 한의사의 시선을 환자에게로 가져가게 한다.

다시, 진료실에서

03

"혈당이 올라갔어요"

서양의학에서 질병독립체가 갖는 중요성은 진료실 대화에서도
자명하게 드러난다. 병원 내과 진료실에서 이루어지는 대화에
귀를 기울여보자.

"혈당이 올라갔어요." 진료실에 들어선 환자가 의자에 앉
자마자, 모니터를 보고 있던 의사가 첫마디를 꺼낸다. 서양의
학의 최근 방향성을 주도하는 만성병 클리닉*에서의 대화는 곧

---

* 만성병 관리는 지금 서양의학의 대표적인 주제이다. 원인을 특정하고 그
원인을 '정상' 범위 안에서 관리하려는 방향성을 가진다. 여기에는 고혈
압, 당뇨병, 고지혈증뿐만 아니라 우울증, 불안증 등 정신과 질환도 포함
된다. 이 만성병 관리의 방향성은 당대 서양의학의 지향점을 말해준다.

잘 이와 같은 의사의 선언으로 시작되곤 한다. "평균 혈당을 재면, 8, 9점대는 돼야 하는데 11점대가 넘었어요." 만성병 클리닉 상담에서 '평균 혈당'이라고 통상 지칭되는 당화혈색소 검사 결과를 가져와 나빠진 경향성을 확정하기도 한다. 또는 "105 나왔네. 저번보다 좀 떨어졌네요. 저번엔 110이었죠?"라고 말하며, 고무적인 진단 검사 결과로 상담이 시작되기도 한다. 모두 당뇨병 진단과 치료의 근간이 되는 질병독립체인 글루코스에 관한 내용이다. 혈중 글루코스(blood glucose), 즉 혈당의 직접적인 양이나 그 양에 의해 좌우되는 혈색소의 퍼센티지(%)를 통해 진단하고 이에 대해 상담하고 있는 것이다. 즉, 글루코스가 대화 주제가 된다.

진료실 대화에 익숙한 재진 환자들은 진단 검사에 대해 먼저 예측하며, 대화를 주도하려고 하기도 한다.

환자 (진료실에 들어와, 환자용 의자에 앉으며) 오늘 당이 좀 안 좋은 거 같아요.

의사 왜요? 뭐 드셨어요?

환자 술 좀 마셔가지고요.

의사 121. …나쁘진 않으신데요. 약주 많이 하셨어요?

환자 예.

현재 서양의학에서 만성병의 중요성과 그 역사에 관해서는 그린(2019), Aronowiz(2015), Dumit(2012), Herzberg(2009), Weisz(2014) 참조.

초진 환자의 경우, 의사는 보다 다양한 진단 검사 결과를 언급한다. "지금 전체적으로, 좋지 않은 게…. 간이 좋지 않네요. 지방간이 심해요. 술을 드시지 않는데도 불구하고, 중증에 해당하거든요. 그리고 B형간염 항체가 없어요. 접종이 필요하실 것 같고요. 그다음에 이제, 피 속에 있는 콜레스테롤 중에서 좋은 콜레스테롤은 낮고, 중성지방이라는 게… 공복혈당이 검진에는 이렇게 (낮게) 나오는데 실질적으로는 이거보다 더 높을 확률이 있어요. 정확한 검사가 좀 필요할 것 같아요." 의사는 진단 검사 결과를 모니터로 쭉 살펴보면서 상담을 한다. 복부초음파 검사, 간기능 검사, 간염 항체 검사, 콜레스테롤 검사, 혈당 검사 등의 결과를 가지고 대화를 이어나간다. 각각 간의 병변, 간수치, 간염 항체, 콜레스테롤, 혈당 등 질병독립체를 중심으로 한 진단 검사이다.

이러한 진단 검사의 헤게모니는 지금 병원 진료실에서 확연하다. 모니터에 뜬 진단 검사 결과가 상담 주제를 장악하고 있을 뿐만 아니라, 상담 시 의사의 시선을 가져간다. 병원 진료실에는 시선의 엇갈림이 있다. 환자는 의사를 보고, 의사는 모니터를 본다(보지 않을 수 없다). 이 시선의 흐름은, 환자는 의사를 의지하고 의사는 질병독립체에 바탕을 둔 검사 결과에 의존한다는 것을 가시적으로 보여준다. 지금 서양의학에서 이루어지는 진단이 몸에 대해 어떠한 앎을 추구하는가를 드러낸다.

"오늘은 어떻게 도와드릴까요?"

한의원에서 한의사와 환자 간의 대화는 병원에서의 대화와 차이가 난다. 재진이라고 하더라도, 처음부터 본론으로 들어가지 않으려는 의지가 감지된다. 그전에 상담 주제를 정하는 시간이 있다. 하나의 문제에 여러 번의 침 치료가 필요한 경우도 있지만, 재진 환자라고 하더라도 다른 문제로 오는 경우가 허다하기 때문에 이러한 주제를 정하는 대화는 한의원에서 흔하다. 부산의 한 한의원 진료실을 들여다보자.

한의사　오랜만에 오셨네요. 오늘은 어떻게 도와드릴까요?
환자　　요즘 생리가⋯.

소화불량으로 내원했던 20대 여성이 다섯 달 만에 다시 한의원을 찾았다. 한의사는 소화불량으로 다시 왔을 것이라고는 기대하지 않았다. 초진 환자처럼 재진 환자를 대한다. 실제로 이번에 환자는 생리불순으로 내원했다. 주제가 잡히자, 본격적으로 '흐름의 상황'에 대해 고찰하기 시작한다.

한의사　요즘 대변이 어떤데요?
환자　　대변, 요즘, 3~4일에 한 번씩.
한의사　아.
환자　　잘 안 나와서요.

한의사   학교생활은 좀 어때요? 지금 방학 중인데, 알바합니까?

환자   아뇨, 집에서, 쉬고 있습니다.

한의사   집에서 (주로) 뭘 하나요?

환자   네, 그냥 쉬고 있습니다.

한의사   쉬는 것도 좋죠. 긴장을 (잘) 합니까?

환자   전혀요. 학교 일도 없는데….

한의사   아니면 식사가 불규칙합니까?

환자   네, 좀 불규칙한 것 같아요. 늦게 일어나고 늦게 자
         고….

한의사는 환자와 대화를 통해 순조롭지 못한 몸 상태의 원인이 되는 생활 요인을 파악하려 하고 있다. 질병독립체나 수치처럼 질병 현상을 대신하는 특정 매개에 집중하기보다는, 한의학에서는 묻고 답하는 과정에 많은 시간을 할애한다. 대면을 통해 환자 몸이 드러내는 흐름을 직접 읽으려 하기 때문에 상담 내용이 구체적이고, 충분한 시간이 요구된다. 이 진료 상담에서는 몸 전체에서 일어나는 흐름의 상황을 읽으려 하고 있다. 생리불순은 흔히 하체의 흐름이 순조롭지 않은 상황이라고 여겨진다. 하지만 동아시아의학에서는 몸의 상부·중앙부·하부 사이의 소통, 즉 전체적인 흐름이 중요하기 때문에 상부의 문제(정신적인 부분)인 긴장에 대해 물어보고, 중앙부의 문제(복부 소화기관과 관련된 부분)인 식사 습관에 대해 물어보기도 한다. 이러한 관점에서 식사가 불규칙하고 대변이 잘 안 나온다는 것

은 생리불순이라는 순조롭지 않은 흐름의 상황을 읽는 데 중요한 힌트가 된다.

초진 환자의 경우에도 상담 주제를 정하는 장면은 재진 환자와 유사하다. 하지만 시선의 집중도에서 차이가 있다. 앞에서 살펴본 것처럼, 진료실에 환자가 들어서는 순간부터 한의사는 일거수일투족에 시선을 놓치지 않으려 한다. 이번엔 서울의 한 한의원을 살펴보자.

진료실에 들어서며 목례하는 환자는 건장한 체격의 30대 남성이다. 한의사가 환자를 바라보다가 먼저 인사말을 건넨다. "예, 이쪽으로 앉으시죠." 한의사의 안내에 따라 환자는 환자용 의자에 자리를 잡는다. 헐렁한 옷을 입고 있지만, 조금만 관심을 갖고 보아도 근육질의 몸이라는 것을 알 수 있다. 진단은 환자가 진료실로 들어서는 순간부터 시작되므로, 환자가 드러내는 이러한 양상을 한의사는 놓치지 않는다. 그리고 보다 적극적인 진단의 함의를 가진 인사말을 건넨다.

한의사   어떻게 오셨습니까?

환자   그러니까 병원에 갔을 때는, 메니에르 병이라고⋯. 두 달 전쯤에는 일주일간 일어나지 못할 정도로 어지러웠는데, 병원 가서 약 처방을 받고 일주일쯤 쉬니까 좀 많이 잦아들었어요.

한의사   그러니까 처음 증상이 나타난 것이 두 달 전이에요?

환자   예.

한의사 젊고 건장한 사람이 왜, 메니에르든 뭐든 어지럼증
이 왔을까?

한의원에서의 첫 대화에는 정해진 주제가 없다. 진료실
밖 진단 검사가 상담 주제를 제공하는 병원과 달리, 한의원에
서는 한의사가 환자와 직접 대면하면서 질병 현상에 대해 알아
가고 상담 주제를 잡아간다. 병원을 다니다가 한의원에 온 환
자는 주로 서양의학 병명을 가지고 온다. 하지만 그 병명이 한
의학적으로 모든 것을 말해주지는 않는다. 서양의학은 몸에 대
한 서구의 관점을 바탕으로 질병 현상을 가리키는 이름(병명)을
지어왔고, 한의학은 동아시아의 사유 속에서 동아시아의 관점
으로 질병 현상을 드러내는 명칭들을 만들어왔다.*
　"메니에르든 뭐든 어지럼증이 왔을까"라는 표현은 동서의
학의 차이를 전제로 한 표현이다. 서양의학으로 병명은 나와
있지만, 환자의 주 증상인 어지럼증에 대해 한의학적으로 다시
보겠다는 의지가 그 표현에는 담겨 있다. 한의사는 이제 순조
로운 '흐름'에 문제가 생긴 환자 몸의 상황을 읽어보려, 본격적
으로 문진을 시작한다.

한의사 헬스해요?

* 서양의학과 한의학의 병명 차이에 대해서는 3장에서 구체적으로 다룰 것
이다.

환자   예. 무게 많이 드는 운동을 많이 하고요. 이전에도 이

것저것 뭐 격투기도 했어요. 운동을 좋아해요.

한의사   잠은?

환자   잠을, 밤낮이 바뀌어 푹 자지는 못하는 것 같…. 네.

아침에 잠들어가지고….

"헬스해요?", "잠은?"이라는 질문을 통해서 한의사는 흐름을 순조롭지 못하게 하는 이유를 찾아가고 있다. 여기서 중요한 것은 이 두 질문이 모든 환자에게 던지는 질문이 아니라는 것이다. 이는 바로 운동을 좋아하는 이 30대 환자에게 던져진 질문이다. 관록 있는 한의사일수록 환자마다 질문이 달라지고, 질문 내용도 더 다양하다. 더 적절히 표현하면, 질문이 날카롭다고 해야 할 것이다. 환자에게 꼭 물어야 할 질문을 묻는다. 환자와 증상이 다양하기 때문에 질문이 다양하게 드러날 뿐이다.

"헬스해요?"에서 "잠은?"으로 이어지는 질문의 순서도 중요하다. '헬스'는 낮 동안의 활기찬 활동에 관한 것이다. '잠'은 밤 동안의 조용한 비(非)활동에 관한 것이다. 한의학에서는 이 둘의 균형을 중요시한다. 누구나 한 번쯤은 들어봤을 '음양의 균형'이라는 말이 이 질문들에 내재해 있다. 낮의 양(陽)적인 활동과 밤의 음(陰)적인 비활동, 그 사이의 균형에 문제가 있을 수 있다는 것을 전제로 해서 한의사는 이런 질문을 던지고 있다. 한의사는 사람 몸이 경험하는 하루의 흐름에 주목한다. 아

침에 일어나면 활동적인 흐름이 시작된다. 낮 동안에 활동은 더 활성화된다. 하지만 저녁이 되면 그 흐름을 추스르고 덜 활동적이 되어야 한다. 밤이 되면 기운을 모아서 고요히 잠들어야 한다. 낮에 기운을 펼치고 밤에는 다시 그 기운을 거두는 흐름이 건강을 위해 중요하다. 이 환자는 여기에 문제가 있다. 낮에는 격한 운동을 통해 활동적인 기운을 확실하게 발산하는데, 밤에는 기운을 수렴하는 시간이 충분하지 못하다. "무게 많이 드는 운동을 많이 하고" "밤낮이 바뀌어 푹 자지는 못"한다는 답변을 들으며 한의사는 감을 잡는다(김태우, 2020).

기의 흐름을 읽는다는 것

앞의 사례가 보여주듯, 한의학에서 말하는 흐름은 무작위가 아니라 어떤 틀을 가진 흐름이다. 밤-낮 하루의 흐름이나 봄-여름-가을-겨울 사계절의 흐름, 혹은 유년기부터 노년기까지의 생애의 흐름 등, 때에 맞는 순조로운 흐름이 중요하다. 가을이 가을답지 않고 더위가 기성을 부린다면 순조롭지 못한 흐름이다. 가을은 가을답게, 겨울은 겨울답게 변화하며 흘러야 한다. 생활의 흐름도 마찬가지다. 때에 맞게 일어나고 활동하고 쉬고 잠자는 것이 중요하다.

한의학에서는 기의 흐름을 읽을 때도 이러한 틀 속에서 읽어내려 한다. 한의학에서 기의 흐름을 어떻게 말하는지를 살펴보면, 동아시아에서 몸과 질병, 나아가 존재를 어떻게 이해하는지가 드러난다. 한의학에서 병을 진단할 때는 몸이라는 틀 속에서 흐르는 기의 양상을 읽는다. 기의 순조로운 흐름이 사람 몸에 가득할 때 질병은 먼 나라 이야기가 된다. 하지만 다양한 상황 속에서 기의 순조로운 흐름이 흐트러질 수 있다. 우리 몸이 과로하고 잠을 못 자고 스트레스를 받으면, 그 흐름에 균열이 생긴다.

한국인들이 일상적으로 사용하는 말 중 이러한 기의 변화를 표현한 말들이 적지 않다. '기진맥진', '기가 막힌다', '기운이 빠진다' 등이 그 일부의 예시다. 기가 다 소진되고[氣盡] 맥이 빠지면[脈盡], 기가 제대로 돌 수 없는 상황이 된다. 당황스러운 상황에 기가 막히면 순조로운 흐름에 방해를 받을 수밖에 없다. '기운이 빠진다'는 말도 순조로운 흐름을 깨는, 기의 변화를 잘 드러낸다. 기운이 빠지면, 잘 돌던 흐름이 느슨해지고 틈새가 생긴다. 거기에 아플 여지가 드러난다. 외부의 기운에 쉽게 동하게 되고* 어슬어슬 추우며 재채기가 난다. 커피를 마셔도 머리가 맑아지지 않는다. 과도한 스트레스 또한 우리 몸의 순조로운 기 흐름을 흔든다. 계속해서 떠오르는 인간관계의 상처들, 반토막 난 주식투자 원금, 무시받았다는 느낌 등, 우려

---

* 외부의 모진 기운에 감(感)해서 걸리는 것이 감기다. 외부의 모진 기운에는 찬 기운인 한(寒)도 있지만, 풍(風), 서(暑), 습(濕), 조(燥), 화(火)도 있다. 동아시아의학에서 말하는 이들 여섯 기운에 관해서는 책의 뒷부분에서 좀더 구체적으로 논의할 것이다.

와 노여움과 슬픔에 우리의 생각이 고정되어 있을 때 우리 몸의 기도 제대로 돌지 못하고 한곳에 맺혀 있게 된다. 그렇기 때문에 또한 전체적인 흐름에 교란이 생긴다. 그 교란 속에서 질병이 자리 잡는다.

한의학 진단에서 주목하는 색, 목소리, 맥 등은, 기가 교란되고 치우친 양태를 드러내는 현상들이다. 밤을 새고 아침에 출근을 하면, 얼굴 '색'이 안 좋다. 그 얼굴에 윤기가 흐를 리 없다. "피곤한가 봐? 얼굴이 꺼칠해 보이네." 직장 동료들도 금방 알아본다. 우리는 면대면으로 상호작용하는 호모 사피엔스다. 상대의 얼굴을 읽는 것은 인간 종의 오랜 전통이다. 동아시아 의학의 진단에서 얼굴의 색과 택(澤, 윤기)을 읽는 시선(망진(望診)이라고 한다)은 이러한 전통을 기의 개념 위에서 조직화한 것이라고 할 수 있다.

목소리 또한 몸의 상황을 훌륭하게 드러낸다. 감기에 걸리면 탁하거나 쉰 목소리가 나는 것이 비근한 예이다. 동아시아의학의 진단은 이러한 변화에 대한 관심을 심화하고 구체화하고 이론화했다. 한 번의 기침 소리에도 주목해야 할 내용들이 들어 있다. 기침을 힘 있게 하는 사람과 기침을 하는데 힘들어하는 사람은 약이 달라진다. 똑같은 기침이지만, 힘 있게 기침하는 사람은 지금 앓고 있는 증상을 스스로 헤쳐나갈 힘이 있는 사람이다. 반면에 기침마저 힘들어하는 사람은 힘을 보태줄 수 있는 약을 좀더 많이 처방해야 할 사람이다. 한 한의사가 들려준 "기침 속에 진단 있다"라는 말처럼, 그러므로 환자의 몸에서 드러나는 소리 하나하나도 한의학 진단의 중요한 내용이 된다.

맥진(진맥)은 기의 상황을 촉감하는 진단 방식이다. 누구나 맥 잡는 자리인 맥진처(새끼손가락 쪽이 아니라 엄지손가락 쪽의 손목 부분)를 손가락으로 짚어보면 맥이 뛰는 것을 느낄 수 있다. 맥은 민감해서 우리의 행동과 마음 상태에 따라 변한다. 지하철을 놓치지 않기 위해 잠깐 계단을 뛰어 내려가도 맥이 급하고 힘 있게 뛰는 것을 느낄 수 있다. 회식 자리에서 술을 마신 뒤에 짚어봐도 맥이 변화한다는 것을 어렵지 않게 느낄 수 있다. 동아시아에서는 몸속 기의 흐름을 촉감할 수 있는 최적의 장소로 손목 부위에 주목했고, 그러한 전통이 체계화되어 손목 부위의 맥에 대한 다양한 논의가 전개되어왔다.

기는 양상에 관한 것이다. 특히 동아시아의학의 진단에서는 그러한 기의 측면이 두드러진다. 기는 양상이면서 몸이라는 토대와 연결되어 있다. 기의 양상이 몸의 상황을 드러낸다는 전제 위에서, 진단의 원리와 방법론을 쌓아 올린 것이 동아시아의학이다. 몸에 질병, 즉 흐름이 순조롭지 못한 상황이 있으면, 당연히 그 질병에 의해 막혀 있거나 굴절되거나 치우친 기의 흐름이 있을 것이다. 그것이 면색으로, 음성으로, 그리고 맥의 떨림으로 드러난다. "헬스해요?" "잠은?" 등의 질문을 통해서도 알아갈 수 있다. 이때 흐름을 읽어 순조롭지 못한 몸의 상황을 읽을 수 있다면, 그 몸을 도울 수 있는 길도 열린다. 그에 걸맞은 치료 방법을 정할 수 있다.

진단이 치료와 연결되어 있듯이, 몸을 아는 것은 몸의 문제를 해결하는 것과 연결되어 있다. 이 모든 것이 하나로 연결되는 이유는, 그 바탕에 어떤 몸에 대한 이해가 존재하기 때문이다. 서양의학과 달리, 동아시아의학의 진단에서 다루는 몸은 흐름이 있는 몸, 기가 그 양상을 드러내는 몸이다. 몸의 이러한 측면은 치료에 이르면 더 분명하게 나타날 것이다. 이 책은 치료를 들여다보기 전에 의료 현장에서 사용하는 말들을 먼저 살펴보고자 한다. 이 언어들 또한 한 의료가 바탕으로 하는 몸에 대한 이해 방식을 고스란히 보여주기 때문이다.

3장

의학 용어,
몸을 말하다

병의 이름

01

말에 내재한 관점

인류학을 하면서 인류학자 자신도 변한다. 현지조사는 어떤 사회문화 속에서 장기간 머무는 것이기 때문에, 그 시공간에서 오랫동안 관계를 맺은 사람이 영향을 받는 것은 당연한 일일 것이다. 인류학으로 한의학과 서양의학을 접하며 내게 생긴 변화 중 하나는 말을 조심한다는 것이다. 원래 말을 쉽게 하는 성격은 아니지만, 현지에서 말에 내재한 사회적 관점, 인식론적 시선, 또 권력과 조우하면서 말은 더 조심스러워졌다. 특히, 단어 선택이 어렵다. 내가 생각하는 관점을 가진 언어를 찾기 어려울 때가 많다.

예를 들면, 동아시아의 자연(自然)을 말하는 것은 쉽지 않다. 우리가 지금 사용하는 자연이라는 말은 번역어 자연 (nature)이기 때문이다. 자연이라고 하면 나와 떨어져 있는 산과 물, 내가 사는 도시와 다른 곳이라는 관념이 우리에겐 있다. 자연과 인간, 자연과 도시, 자연과 공해, 자연(자연산)과 양식 등의 이분법적 구도 속에서, 인간의 흔적이 없는 '자연 그대로'의 자연을 연상하게 된다. 나(인간)와 나 아닌 것을 분절하고, 그 구획 위에서 '나' 밖의 것들을 인지하는 방식이다. 하지만 이러한 분절과 구획을 통한 앎의 방식은, 동아시아의 본디 자연(自然)의 의미와는 차이가 있다. 똑같이 '자연'이라고 말하지만 같은 자연이 아니다. 내가 동아시아의 자연을 염두에 두고 말할 때, 상대방은 번역어 자연으로 받아들이기 십상이다. 말하는 것이 곤혹스럽다.

자연에 대한 근대 서구의 관점을 내재한 말 nature는 서구 학문을 적극적으로 받아들이려 했던 일본 지식인들에 의해 번역이 된다(야나부 아키라, 2011). 동아시아에 없는 개념을 번역할 때, 근대 일본의 지식인들은 단어를 새로 만들거나 동아시아 고전에 있는 용어를 빌려와서 대체하곤 했다. '자연'은 후자의 경우다. hygiene을 위생으로 번역하기 위해『장자』를 인용하듯,* nature를 번역하기 위해『도덕경』을 인용했다. 이렇게 생겨난 말 '자연'은 이제 일상에서 빼놓을 수 없는 언어가

---

* 구미사절단 일원으로 독일에서 hygiene 개념을 접한 나가요 센사이는 근대적 위생 개념을 번역하기 위해『장자』「잡편」의 "경상초"에 등장하는 '衛生'을 가져온다(신규환, 2007).

되었다. 자연과학 과목을 학습하며, 자연보호 캠페인을 접하며, 자연산과 양식의 차이를 따지며, 우리는 번역어 자연을 배우고 듣고 말한다. 그리고 그 '자연'을 되뇌이며 나(인간) 밖의 세계를 타자로 만드는 일을 순간적으로 완성한다. 하지만 번역어 자연 개념으로는 잘 파악되지 않는 것들도 있다. 원 출처인 『도덕경』의 자연(自然)과 '스스로(自) 그러함(然)'의 의미 자체가 잘 전달되지 않는다. "사람은 땅의 순리(順理)를 본받고, 땅은 하늘의 순리를 따르고, 하늘은 도의 순리를 따르고, 도는 '자연'의 순리를 따른다"(『도덕경』 25장)는 문장을, 번역어 자연으로 이해하기는 쉬운 일이 아니다. '스스로 그러한' 자연은 사람이 이루어야 할 순리의 근원적 레퍼런스다.** 번역어 자연에는 상이한 인식이 내재해 있다. 여기서 자연은 설명의 대상이고, 분석의 대상이며, 이용의 대상이다. 또한 설명, 분석, 이용을 위해서는 나(인간)로부터의 거리가 필수적이다. 그러므로 분절과 구획이 강조된다. 번역어 자연에 익숙한 우리가 두 '자연'의 간극을 넘어 '스스로 그러함'의 뜻을 헤아리는 것은 어렵다.

인간은 언어를 통해 세계를 산다. 우리가 세계를 아는 방식은 곧잘 말 속에 체화되어 있다. 말 속에 이미 어떤 관점의 틀이 자리 잡고 있을 때, 그 말을 사용하면서 다른 틀로 사고하는 것은 불가능하다. 그러므로 언어의 변화는 사고의 변화를

** 여기서 '레퍼런스'라는 말을 사용하는 것은 차선이다. 자연은 사람과 떨어져 있는 원칙이자 모델이 아니다. 그 속에 사람인 나도 있고, 땅도, 하늘도 있다.

수반한다. 말과 인식이 변화하면 그것으로 세계를 사는 우리 존재 자체도 변화하게 마련이다. 그러므로 '스스로 그러한' 자연에 익숙한 나와, 번역어 자연에 익숙한 나의 차이는 결코 작지 않다. 우리를 다른 양상의 존재로 각인하는 심대한 변화일 수 있다.

이 장에서는 이러한 언어와 인식과 존재 사이의 연결 속에서 서양의학과 한의학(동아시아의학)의 언어들을 살펴보고자 한다. 연결의 관점으로 바라보는 것은 두 의학의 용어를 이해하는 데 적지 않은 도움을 준다. 자연(nature)과 자연(自然)이 서구와 동아시아가 세계를 바라보는 관점 속에서 배태된 용어이듯이, 의학 용어들 또한 몸과 존재에 대한 동서의 관점(인식)이 내재해 있기 때문이다. 사실, 의학 용어만큼 언어와 인식과 존재의 연결성을 잘 드러내는 말도 드물다. 의학 용어는 몸(존재)의 상태와 현상에 대한 앎(인식)을 표현하기 위한 말이기 때문이다. 그러므로 병원과 한의원에서 오가는 서양의학과 한의학 용어를 병치시켜보면 그러한 연결성 속에서 두 의학을 함께 이해할 수 있는 길을 찾아나갈 수 있다.

고지혈증과 기울 사이

먼저, 서양의학과 한의학의 병명을 살펴보자. 병명에는 몸의 어떤 상태를 질병이라 규정하는지 그 내용이 담겨 있다. 무엇을 가지고 그렇게 규정하는지 원인이 포함되어 있기도 하다. 동서 의학의 병명을 함께 놓고 보면, 몸과 병에 대한 이러한 표현이 동서에서 달리 자리 잡아왔다는 것을 알 수 있다. 몇 가지 예를 들어보면, 서양의학에서는 고지혈증, 당뇨, 간암, 뇌경색, 역류 성식도염, 추간판탈출증 같은 병명을 사용한다. 반면, 기울, 소 갈, 식적, 건망, 중풍, 상한은 한의학에서 부르는 병명이다.

의학 지식에 밝지 않더라도, 앞의 병명들을 하나씩 호명 해보면 확실히 느껴지는 차이가 있다. 서양의학 병명은 분명하 고 구체적이라는 느낌을 주고, 한의학 병명은 뭔가 불분명하고 모호한 인상을 준다. 무엇이 이러한 차이를 만들어내는 것일 까? 몸이라는 공간 위에 질병의 위치를 고정할 수 있느냐의 여 부가 하나의 원인일 것이다. 예를 들면, 역류성식도염은 식도 의 하부와 위의 상부가 문제가 된다는 것을 병명 자체가 언급 하고 있다. 간암은 간에, 뇌경색은 뇌에, 추간판탈출증은 척추 에 문제가 있다고 말하고 있다(김태우, 2015). 서양의학 병명이 분명하게 느껴지는 이유 중 하나는, 공간적 고정을 통해 지시 (指示), 즉 가리켜 보임이 가능하기 때문이다.

병원 어디에나 있는 화살표를 이야기하며, 1장에서는 병 원을 "지시의 나라"라고 표현했다. 이는 그 의료 공간에서 사 용하는 병명에서도 드러난다. 고지혈증과 당뇨는 각각 혈관 속 콜레스테롤과 글루코스라는 물질을 지시할 수 있다. 간암은 간 에 있는 암세포를 지시할 수 있는 질병이다. 뇌경색 또한 MRI 가 찍은 막힌 혈관 부분을, 역류성식도염은 그 염증이 발생한 부위를, 추간판탈출증은 척추 사이에 튀어나온 판을 지시할 수 있다. 실제 화살표로 가리켜 보이기도 한다. 건강 관련 티브이 프로그램이나 신문기사에서, 암세포나 탈출된 추간판을 가리키는 화살표를 본 적이 있을 것이다. 혹은 건강검진에서 자신의 위 내시경 사진 속 염증을 가리키던 의사의 손가락이나 펜을 본 사람도 있을 것이다.

이와 같이 병원은 그 공간의 형식에서도, 또한 그 공간 속 의료의 내용에서도 지시가 두드러진다. 가리켜〔指〕 보이는〔示〕 지시가 어디에나 있는 장소다. 병명은 몸이라는 공간에서 화살표 역할을 한다. 문제가 된 '이것'을 가리키는 용어가 주를 이룬다. '이것이 그것이다'(This is it)가 서양의학 병명의 주제다.

서양의학과 달리, 한의학에서 말하는 질병인 기울(氣鬱), 소갈(消渴), 식적(食積), 건망(健忘), 중풍(中風), 상한(傷寒) 등은 그러한 공간적 고정이 분명하지 않다. 고정이 없으니, 지시도 용이하지 않다. 이러한 차이는, 2장에서 살펴보았던 것처럼, 흐름을 강조하는 한의학의 방향성과 관계된다. 한의학의 병명은 순조로운 흐름이 흐트러져 다른 표현이 필요할 정도의 양상에 붙여진 이름이다.

기울은 말 그대로 기가 울체된 것, 즉 기가 잘 흐르지 못하는 상황을 말한다. 소갈의 소(消)는 병적으로 소모(消耗)된다는 의미이다. 밥을 먹고 소화가 되면 그 영양분을 기운으로 쓰는 흐름이 순조로워야 하는데, 그러지 못하고 너무 빨리 소진되는 것을 말한다. 식적은 흐름이 막혀 있는 상태로, 음식〔食〕

이 그 막힌 양상의 원인이기 때문에 그렇게 명명하였다. 건망 또한 흐름과 관계되는 현상이다. 흐름이 닿지 않으니 기억이 나지 않는다. 중풍은 풍(風)에 적중되었다는 뜻이다. 풍에 의해 순조로운 흐름이 방해받으며 그것이 마비와 떨림으로 드러난다. 풍(風)은 동아시아의학에서 말하는 여섯 가지 기운[六氣]의 하나로, 그 육기는 풍(風, 바람 기운), 한(寒, 찬 기운), 서(暑, 뜨거운 기운), 습(濕, 습한 기운), 조(燥, 건조한 기운), 화(火, 열기)를 가리킨다. 이들 기운이 조화를 이룰 때가 건강한 상태이고, 이 기운 중 하나가 돌출되면 몸의 일상적 흐름은 흔들린다. 중풍은 그중 바람 기운이 돌출된 것이다. 마지막으로, 상한은 찬 기운[寒]에 몸이 상한[傷] 것이다. 감기가 상한의 대표적인 병이다. 찬 기운이 돌출되면 몸은 그것에 대한 응대를 한다. 목이 붓고, 열이 나고, 콧물이 난다. 중풍과 상한은 돌출된 기운이 다르기 때문에 각각 증상도 다르다. 병명이 일탈적 흐름의 양상에 관한 이름이라면, 증상은 일탈적 흐름에 대한 몸의 반응이다.

기하학적 상상력과 맥상의 상상력

02

공간화와 기하학적 상상력

병원과 한의원에서 병을 말하는 방식이 이처럼 다른 이유는 무엇일까? 서양의학에서 지시가 중요한 것은, 기하학적 상상력에 바탕을 두고 몸을 설명하려는 의지가 강력하기 때문이다. 공간적으로 펼칠 수 있는 몸과 공간적으로 특정할 수 있는 질병은 서양의학의 핵심 테마이다. 『임상의학의 탄생』에서 미셸 푸코(Michel Foucault)는 공간화(spatialization)라는 개념으로 이러한 근대 이후 서양의학의 방향성을 설명한다. 몸이라는 공간 위에 질병을 위치시키는 작업이 근현대 서양의학 탄생의 중심에 있다는 것이다. 푸코의 '공간화'는 로젠버그의 '질병독립체'와 아주 잘 통한다. 질병 현상으로서의 질병독립체는 공간화된 몸에 고정시킬 수 있기 때문이다. 그러면 공간 위에 쉽게 가시화할 수 있고, 화살표로 지시할 수도 있다.

우리 몸은 공간적 토대가 있기 때문에 질병을 공간적으로 이해하는 것은 당연한 이해 방식 중 하나다. 하지만 공간적 이해가 몸과 질병을 이해하는 유일한 방식은 아니다. 근현대 서양의학의 탄생을 말하며, 푸코는 "이러한 방식(질병의 공간적 배치)은 최초의 것도 아니고 유일한 것도 아니다. (…) 질병에 대한 다른 이해가 있어왔고, 또한 앞으로도 있을 것이다"(Foucault, 1994: 3)라고 강조하고 있다. 나아가, 우리는 서양의학의 공간적 이해가 어떠한 이해 방식인지 구체적으로 살펴볼 필요가 있다. 공간적 이해 역시 하나가 아니기 때문이다. 근대 서양의학의 공간화가 특징적인 것은, 그것이 기하학적 상상력에 바탕을 둔 공간화이기 때문이다. 좌표를 통해 점을 특정하듯이, 근대 서양의학의 공간화는 인간의 몸에 점을 찍으려 한다. 즉, 병소(病所)를 지정하고자 하는 것이다. 근대 서양의학은 병리해부학이라는 이름으로 해부학적 공간 위에 점 찍기를 체계화했다. 이것은 질병이 몸이라는 공간 위에 고정될 수 있는 현상이고, 다시 그것을 지시할 수 있다는 전제에 기반을 두고 몸을 이해하는 방식이다.

그리고 이러한 이해 방식은 의사가 질병과 몸을 대하는 방식으로 이어진다. 당뇨병 진단을 위해 혈당을 측정할 때, 혈관 속의 물질인 글루코스는 로젠버그의 '질병독립체'로서, 의료적으로 개입하고자 하는 주체(의사)로부터 분리되어 있는 대상이다. 디스크의 추간판도 마찬가지다. 주체와 확실하게 떨어져 있다. 그리하여 척추 사이의 그 연골을 MRI로 찍어 가시화할 수 있다.

번역어 자연이 나(인간)와 분리된 것들을 자연으로 구획하고, 설명과 분석과 이용의 대상으로 삼듯이, 서양의학의 대상들은 주체와 분리되어 있어서, 측정과 분석이 용이하다. 하지만 한의학(동아시아의학)에서 관심을 가지는 몸의 현상은 분리와 분절을 전제로 하지 않는다. 이러한 차이 역시 한의학에서 사용하는 병명과 용어를 이해하는 데 중요한 지점이다. 주체와 의료적 대상 간의 관계를 둘러싼 동서의 차이가 그 관계를 표현하는 언어의 차이로 드러나기 때문이다.

맥상의 상상력과 사이의 상황

동아시아의학(한의학)도 몸을 공간적으로 이해하곤 한다.* 동아시아의학에서 강조되는 '흐름' 또한 공간적 이해로 읽을 수 있다. 흐름은 어떤 공간적 배경 속에서 이루어지는 유체의 움직임으로 해석될 수 있을 것이다. 하지만 동아시아의학은 고정된 공간을 상정하지 않으며, 흐름에서 단지 유형체(有形體)만 보려

---

* 침 치료의 바탕이 되는 경락(經絡)은, 동아시아의학의 공간적 이해의 대표적인 사례라고 할 수 있다. 하지만 4장에서 더 분명해지겠지만, 이것은 서양의학의 공간화와는 다르다.

고 하는 것이 아니다. 유형체로 특정될 수 없는 기**가 한의학의 핵심 개념이자 그 기의 흐름이 동아시아의학의 핵심 전제라는 점을 상기하면, 둘의 차이는 더 확실해진다. 이를 좀더 명확히 하기 위해, 동서의학에서 보고자 하는 의료적 대상에 어떠한 차이가 있고, 그 차이가 어떻게 두 의학의 언어에서 드러나는지 짚어볼 필요가 있다.

맥으로 논의를 시작해보자. 동아시아의학에서는 환자 몸속에서 무엇인가를 특정하고 측정하기 위해 맥을 짚는 것이 아니다. 2장에서 언급한 것처럼, 맥진은 특히 흐름이 강조되는 동아시아의학의 진단법이다. 혈(血)***의 흐름뿐만 아니라 기(氣)의 흐름에 주목한다. 즉, 기혈의 흐름이 말해주는 몸의 상황을 읽는 것이 맥진이다. 맥을 표현하는 방식은 맥 짚는 것이 무엇을 어떻게 아는 것인가에 대해 중요한 힌트를 제공한다.

가볍게 누르면 나타나지 않다가 깊게 누르면 나타나는 것이 침맥이다. 오래된 솜처럼 눌려 있고 뼈 부근에서 맥이 나

** 여기서 기는 특정 유형체로 대상화될 수는 없지만, 물질적 기반이 없는 것은 아니라는 점을 한 번 더 강조할 필요가 있다. 2장의 예시처럼, 몸이라는 기반 위에서 주먹의 양태도 드러난다. 기의 물질성에 관해서는 Farquhar(2020) 참조.

*** 동아시아의학에서 혈을 이해하는 방식은 혈액의 그것과 차이가 있다. 혈'액'이라는 상태와 헤모글로빈, 혈장, 혈소판 등 구성 물질에 방점이 있는 서양의학과 달리, 동아시아의학은 기와 쌍을 이루면서 흐르는 양태에 그 방점이 있다.

타난다(침맥).

　가늘고 더디며 그 흐름은 좋지 않고 흩어진다. (…) 흐름이
껄끄럽고 막혀서 비가 모래에 떨어진 것 같거나 가벼운 칼로
대나무를 긁는 것 같다(삽(색)맥).

　손가락에 홍수가 파도를 일으키는 것처럼 넓고 크며 힘이
있게 느껴지는 것이다(홍맥).

　동아시아의학서에서는 맥상(脈象)이라는 이름 아래 다양
한 맥들의 현상을 표현했다.*『동의보감』에서 인용한 앞의 문
장에서 드러나듯, 맥상 표현은 의학서의 언어라고 하기에는 상
당히 비유적이고 묘사적이다. 동아시아의서에서 어렵지 않게
접하는 이러한 표현 방식을 이해하려면, 동아시아의학 언어의
두 가지 전제에 대해 말해야 한다.

　첫째, 동아시아의학의 표현에는, 질병 현상이 드러나는
몸뿐만 아니라 그 현상을 아는 사람, 혹은 알고자 하는 사람이
등장한다. 앞의 표현에는 맥 잡는 사람이 등장한다. 맥진처에
서 의사의 손과 환자의 손이 만났을 때를 전제로 하는 것이 맥
상이다. 맥상은, 맥진이 '상호작용'에 관한 것임을 그 명칭 자
체가 드러낸다. 맥상은 말 그대로 맥(脈)을 짚었을 때 드러나

---

*　　맥상에는 부맥(浮脈), 침맥(沈脈), 현맥(弦脈), 삽맥(澁脈), 홍맥(洪脈),
　　활맥(滑脈), 완맥(緩脈), 세맥(細脈), 긴맥(緊脈) 등등이 있다. 동아시아
　　의학서에는 통상 서른 종에 가까운 맥상이 나오며,『동의보감』의 경우에는
　　27가지 맥상을 제시하고 있다.

맥진은 기혈의 흐름이 말해주는 몸의 상황을 읽는 것이며,** 맥에 대한 표현에는 맥 잡는 사람이 등장한다.

는 상(象)이다. 이것은 당뇨와 추간판탈출증에 관한 표현 방식처럼, 진단하는 자와 진단 대상을 분리하고 그 대상만을 강조하여 지시하는 것과 다르다. 서양의학에서 대상을 강조하는 것은, 또한 주체(진단하는 자)의 존재감을 투명하게 하는 결과로 나타난다. 여기서 주체가 투명하게 된다고 표현한 것은, 존재하지 않는 것처럼 보이게 한다는 것을 말한다. 서양의학의 인식에서 주체는 빠져 있다. 그래야만 주관적일 수 있는 주체의 문제를 멀리하면서 글루코스나 추간판 같은 대상을 제대로 지시할 수 있기 때문에, 주체의 목소리를 최대한 음소거하려 한

**　맥진의 방식은 왼쪽 사진과 같이 손목에서 맥이 뛰는 곳을 세 부위로 나누어 맥을 읽는 방식이 주를 이룬다. 또한 의지하는 의서에 따라, 혹은 학파 및 사승 관계에 따라 다양성이 존재한다. 오른쪽 사진은 『난경』(難經)이라는 고전 의서에 기반을 둔 맥진 장면이다. 손목에서 맥이 가장 잘 느껴지는 곳 한 군데를 짚는다. 이 책의 표지 그림은 이 사진을 형상화한 것이다.

다.* 계몽주의 이후 강력하게 대두된 이러한 인식 방식은, 근현대 서양의학의 중심적인 인식 방식으로 자리를 잡았다.** 하지만 이것만이 대상과 세계를 파악하는 유일한 앎의 방식은 아니며, 동아시아의학의 인식 방식은 이와 차이가 있다.

동아시아의학에서는 주체가 여전히 존재한다. 『동의보감』의 맥상 표현은 주체(맥 잡는 이)에게 드러난 객체(환자)의 기혈 상황을 묘사한 것이다. "솜처럼 눌려 있"는 것같이, "가벼운 칼로 대나무를 긁는 것"같이, "손가락에 홍수가 파도를 일으키는 것처럼 넓고 크며 힘이 있게" 환자의 상황은 맥 짚는 사람의 손끝에 나타난다. 환자의 맥이 뛰면 맥을 짚고 있는 의사의 손도 흔들린다. 모두 맥 잡는 주체의 존재를 상정하고, 주체와 객체가 연결되어 드러난 상황에 관한 표현이다.

둘째, 동아시아의학은 흐름의 상황에 깊은 관심을 가진다. 『동의보감』의 맥상 표현이 묘사적인 이유는 기혈의 흐름과

---

*   하지만 주체는 결코 사라진 것이 아니다. 대상을 확실하게 파악하려는 강력한 행위자로서 여전히 남아 있다. 로레인 데이스턴(Lorraine Daston)과 피터 갈리슨(Peter Galison)은 과학적 자아(scientific self)와 인식론적 덕성(epistemic virtue)이라는 용어로 이 주체의 존재감을 지시하고 있다(Daston and Galison, 2007).

**   영어의 obejct(대상)가 objectivity(객관)의 어근이라는 사실에서 드러나듯이, 주관과 연결되어 있는 주체의 존재감을 감소시키고 객관과 연결되어 있는 대상을 강조하는 것이 근현대 서구의 지시적 앎의 근간을 이룬다. 이와 같은 방식으로 대상을 강조하는 앎의 방식이 칸트 이후의 시대에 본격적으로 자리 잡는다. 이러한 객관의 역사에 관해서는 Daston and Galison(2007) 참조.

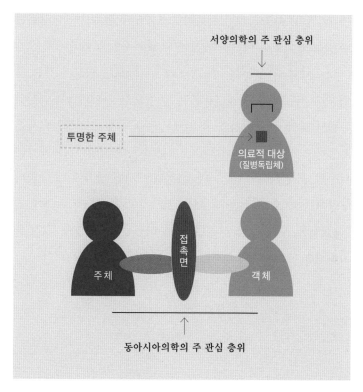

동아시아의학과 근현대 서양의학의 주 관심 층위. 여기서 접촉면은 맥진과 같은 촉각을 통한 접촉뿐만 아니라, 시각(望), 청각(聞), 언어(問)를 통한 접촉도 포함된다.

정황을 최대한 드러내고자 하기 때문이다. 삽맥은 말 그대로 껄끄럽고 부드럽게 흐르지 않는 기혈의 상황을 말한다. 삽(澁)은 떫다, 껄끄럽다는 의미를 가진 한자다. 한자도 물 수 변(氵)에 그칠 지(止)가 세 개나 있는 형상이다. 삽한 기혈의 상황을 전달하기 위해 "흐름이 껄끄럽고 막혀서 비가(물방울이) 모래에 떨어진 것 같"다고 표현하기도 하고, "가벼운 칼로 대나무를 긁는 것 같다"고 표현하기도 한다.* 흐름을 표현하려면 계량화될 수 있는 수치보다 이러한 묘사가 더 효과적일 것이다.

이처럼 동서의학은 보고자 하는 것, 또는 알고자 하는 것이 서로 다르기 때문에 그 표현 방식 또한 차이가 난다. 서양의학의 앎이 주로 환자의 몸 안에 고정되어 있는 질병독립체를 특정하고 지시하는 방식으로 진행된다면, 동아시아의학에서는 의사와 환자 사이의 상호작용을 통해 드러난 상황에 대한 앎이 중요하다. 또한 상황은 흐름에 관한 것이기 때문에 그 흐름을 잘 표현할 수 있는 묘사적 언어가 사용된다. 고정된 '그것'을 가리키는 서양의학의 의학 용어와 차이가 나게 된다.

수동적인 주체와 그 언어

의학의 앎은 모두 딜(deal)이다. 하나를 강조하면 다른 하나는 덜 강조될 수밖에 없다. 서양의학은 고정된 대상을 강조하고 동아시아의학은 연결과 흐름의 양상을 강조하며, 각각 그에 기반을 둔 지식과 의료 행위의 체계를 쌓아왔다. 물론 서양의학

* 삽맥은 기와 혈이 조화롭지 못한 어떤 상황을 드러낸다. 기는 상대적으로 힘이 있는데, 혈이 그것을 따라가지 못하니 껄끄럽게 흐르는 것이다. 이러한 상황 읽기를 통해 몸의 상태, 예를 들면 혈(血)이나 정(精)을 도와야 하는 상황에 대한 힌트를 얻는다. 몸이 전하는 이러한 메시지를 접수하면서 맥진은 치료에 연결된다.

에서도 측정자인 주체가 측정 대상과 연결되지 않았다고 할 수는 없다. 흐름을 파악하지 않는다고 할 수도 없다. 하지만 서양의학에서는 측정 대상을 고정시켜 그 가변성을 최소화하려는 경향이 강하다. 이것은 어쩔 수 없는 선택이다. 그래야만 대상을 분명하게 특정하고 수치와 같은 확실성을 확보할 수 있기 때문이다.**

　반면, 동아시아의학에서 환자는 그런 존재가 아니다. 동아시아의학에서는 맥 잡히는 사람의 지금 상황이 중요하다. 환자의 상황은 변화하기 때문에 맥을 잡았을 때, 바로 그때 드러난 상황, 바로 그 사건이 중요하다. 흐름의 양상을 읽으려 하는 동아시아의학에서 이것은 당연한 선택일 것이다. 색도 마찬가지다. 동아시아의학에서는 얼굴색을 말할 때 채도와 명도를 말하지 않는다. 객체화를 통해 색을 규정해놓으면 편리한 부분도 있겠지만, 고정된 대상만 남게 된다. 주체와 객체를 분리해서 보는 관점 자체가 동아시아의학에는 없었다.*** 동아시아의학

***

** 근대 서양의학에서 대상을 강조하고 그에 관한 지시적 언어를 사용하는 것에 대해, 미셸 푸코는 "상시적 가시성의 세계로 우리의 시선을 이끈다" (Foucault, 1994: x)라고 표현한다.

*** 그리하여 서구에서 objectivity, subjectivity 개념이 들어왔을 때, 새로운 단어가 필요했고, 조어를 해야 했다. 객관(客觀)은 손님〔客〕의 입장에서 본다〔觀〕는 의미이지만, objectivity의 어디에도 손님과 관련된 어근은 없다. '손님'을 가져와 에둘러 새 단어를 만들었다. '자연', '위생'을 번역하던 근대 일본에서 이 조어 작업도 이루어졌다. 19세기 후반에 '객관', '주관'이라는 용어가 일본에 등장했고, 그 후 이 용어들이 동아시아 공용의 용어가 된다.

은 주체와 객체를 모두 강조하며, 진단하는 몸과 진단받는 몸이 연결되어 있다. 동서의 의학 용어는 이러한 차이 나는 정황들 위에서의 언어 '들'이다.

의학 용어뿐만 아니라 의료 현장에서 일상적으로 사용되는 말들 중에서도 이처럼 몸과 몸의 연결을 나타내는 표현을 접할 수 있다. 경기도의 한 한의원에서 사상의학으로 잘 알려진 한의사의 진료를 참관할 때의 일이다(김태우, 2012). 진료 참관에는 사상의학을 배우는 한의사 두 명도 함께 했다. 태양인, 소양인, 태음인, 소음인으로 사람을 나누는 사상의학에서는 그 체질 판별이 중요한 진단 과정이지만, 우리를 가르치는 한의사는 환자가 어떤 체질이라고 진료 중에 직접 말하지 않았다. 상담이 끝나고 환자가 진료실을 나가면, 한의사는 바로 약재실로 가서 처방을 했다. 진료실에 남은 나와 두 명의 한의사는 환자의 체질에 대해 토론을 하곤 했다. 환자의 용모와 태도, 증상을 접수한 뒤, 한의사들은 수동형으로 말했다. "소양인으로 보입니다."

'태양인이다', '소양인이다', '태음인이다', '소음인이다'라고 말하지 않았다. 우리를 가르치는 한의사 또한 수동형을 사용했다. 처방을 마치고 돌아오면 우리에게 물었다. "무슨 인으로 보이시나요?" 무슨 체질로, 또한 왜 그렇게 보이는지 다른 한의사들의 의견을 충분히 경청한 다음, 한의사는 말하곤 했다. 그 표현도 수동형이었다. "예, 저도 소양인으로 보입니다."

이들 수동형의 표현은 진료 상담을 하면서 환자의 모습,

자세, 언어 표현, 증상 등 일거수일투족에 집중하는 한의사의 태도와 잘 통한다. 한의사는 주체의 위치에 있지만 수동적으로 환자의 상태를 받아들인다. 이미 정해져 있는 질병독립체를 '발견'하고 확인하는 것이 아니므로 '혈당이 145입니다' 같은 단정적인 표현을 하지 않았다. 주체와 객체가 만나는 순간의 출렁임이 있고, 동아시아의학은 이 순간의 상황을 언어에 담아 보려 한다. 소거되지 않은 주체가 몸의 상황을 충분히 받아들여서 이루어지는 앎이 '보입니다'라는 표현에 담겨 있다.

의료 현장에서 몸을 어떻게 알고 표현하는지에 대해 좀 더 가까이 다가가기 위해 우리는 미술로부터 도움을 받을 수도 있다. 미술과 의학을 겹쳐볼 때 주체와 객체(대상)의 문제, 그리고 표현의 문제는 더 명확해질 수 있다. "미술은 근본적으로 (…) 주체가 대상(객체)을 어떻게 보는가가 핵심"(전영백, 2008; 8)이기 때문이며, 미술사조는 세계를 바라보는 방식과 그 방식에 바탕을 둔 표현에 의해 차별화되기 때문이다.

의학과 미술, 표현의 문제

03

고흐와 동아시아의학

후기인상주의 그림에는 동아시아의학이 어떤 의학인가에 대한 중요한 힌트가 있다. 맥 짚는 이와 맥 짚히는 이 사이의 출렁임이 동아시아의서에 표현되어 있듯이, 후기인상주의 그림에는 화가와 화가가 대면한 세계 사이의 출렁임이 드러나 있다. 가령, 후기인상주의를 대표하는 고흐의 그림 〈별이 빛나는 밤〉에서 밤하늘의 환칠은 고흐와 밤하늘 사이의 출렁임을 표현한다. 후기인상주의 그림은 사실주의 그림과 다르다. 둘 다 세계를 표현하고자 하지만, 사실주의는 사실주의 방식이 있고, 후기인상주의는 후기인상주의의 방식이 있다. 사실주의는 세계에 존재하는 대상들을 '사실적'이라고 말하는 방식으로 표현하려 한다. 사실주의는 대상과 거리를 두고 세계를 그리려 하며, 대상을 강조한다. 반면, 후기인상주의는 그리는 이와 세계 사이의 상호작용에 주목한다. 〈까마귀 나는 밀밭〉에서 밀밭 위의 먹구름을 담아내는 붓자국을 통해 고흐는 그 사이의 정감을 표현한다. 고흐는 자신과 자신이 지금 바라보는 세계가 연결되어 있음을 드러낸다.

고흐의 이러한 그림을, 사실주의를 포함해 후기인상주의 이전의 기준으로 바라보면 '그림도 아니다'라고 할 수 있을 것이다. 사실주의 이전에도 사진처럼 '사실적'인 그림이 주를 이루었다. 생전에 고흐의 그림이 외면당한 것도 그 때문이었다. 하지만 그 상호작용을 통해 드러나는 대상과 세계를 보기 시작하면, 또 하나의 시선이 세계를 향해 열린다. 고흐의 그림이 인정을 받고 그 미학을 사람들이 받아들이게 된 것도 이런 과정을 통해서일 것이다. 고흐는 연결되어 있는 상황을 그린다. 맥에 대한 표현도 마찬가지다. 한의사의 손과 환자의 손목이 연결된 상황에 대한 표현이다. 동아시아의서에서, 지금 잡고 있는 맥의 상황을 드러내기 위해 "홍수가 파도를 일으키는 것처럼"과 같은 묘사를 하듯이, 고흐는 별들의 "홍수가 파도를 일으키는 것" 같은 밤하늘을 붓터치로 표현하고 있다.

후기인상주의와 동아시아의학이 공유하는 것은, 또한 '흐름'이 있다는 것이다. 바람이 불고 까마귀가 나는 밀밭 위의 어두운 하늘에는 흐름이 있다. 〈까마귀가 나는 밀밭〉은 한 장의 그림이지만 전후(前後)가 있다. 이전 장면은 먹구름이 끼고 바

빈센트 반 고흐, <별이 빛나는 밤>, 1889년(위).
<까마귀가 나는 밀밭>, 1890년(아래).

람이 불고 흙먼지가 일고 까마귀가 날아오르는 모습일 것이다. 그리고 이후는 굵은 빗방울 소리가 들리기 시작하는 장면일 것이다. 천둥이 칠지도 모른다. 까마귀가 나는 밀밭을 사실적으로 그리지 않았지만, 더 생생하게 세계의 정황이 드러난다. 그것은 고흐가 약동하는 흐름을 포착하고, 그 흐름의 상황을 그림에 담으려 했기 때문이다.

나무, 사람, 흙, 집, 밤하늘, 테라스 등 모든 존재들의 흐름을, 그리하여 그 존재들이 이루는 세계의 생동을 고흐는 보았고, 그것을 사람들과 공유하기를 원했다. 고흐는 그가 바라본 세계를 표현하기 위해 구도, 색감, 붓터치 등을 자신만의 스타일로 새롭게 구성해 그림 속에서 실현한다. 마찬가지로, 맥에 대한 동아시아의서의 표현은 기혈의 흐름을 독자들과 공유하기 위한 노력이며, 묘사적 서술 역시 흐름이 있는 생명의 상황을 생생하게 표현하고자 하는 것이다.

우리가 세계를 알고 표현하는 방식은 하나가 아니다. 복수의 의학들처럼, 미술사는 세계를 알고 표현하는 방식이 복수임을 말한다. 사실주의와 후기인상주의의 차이를 서양의학과 동아시아의학의 차이로도 읽을 수 있다. 대상에 대한 강조, 고정에 대한 강조는, 세계를 바라보는 방식으로 사실주의와 서양의학이 공유하는 것이다. 주체와 객체 사이의 상호작용과 생생한 흐름에 대한 강조는 후기인상주의와 동아시아의학이 공유하는 방식이다. 이를 표현하기 위해서는 현현하는 바로 그 장면이 중요하다. 고흐의 '사실적'이지 않은 그림이 생생하게 느

껴지는 이유도 이 때문이다. 맥상 표현도 묘사적이지만, 그것
은 생생하게 생명의 상황을 드러낸다. 세계를 보는 방식이 하
나가 아니듯 몸을 바라보는 방식도 하나가 아니다. 보는 방식
이 하나가 아니므로, 본 것을 표현하는 방식도 하나가 아니다.
이것이 서양의학의 언어와 동아시아의학의 언어가 차이 나는
이유이다.

기하학과 원근법 없이 보기

후기인상주의는 선행하는 시선의 틀에 매이지 않는다는 점에
서도 동아시아의학을 상기시킨다. 후기인상주의는 원근법과
기하학적 접근법을 통해 그려진 사실주의 그림과 차이가 난다.
고흐의 〈해바라기〉에서도 이러한 틀 벗어나기가 관찰된다. 일
단, 화병이 서 있는 바닥 혹은 탁자가 반듯하지 않다. 화병도
좌우 대칭이 아니다. 화병 자체가 오른쪽으로 약간 기울어진
것 같다. 〈해바라기〉는 사실주의에 속하는 귀스타브 쿠르베의
〈꽃 바구니〉와 비교가 된다. 쿠르베의 화병은 기하학적으로 반
듯한 타원 모양이다. 바닥도 반듯한 수평이다. 쿠르베의 화병
은 쿠르베의 사실적인 꽃들과 잘 어울린다. 고흐의 화병과 바
닥은 고흐의 생동감 넘치는 해바라기와 잘 어울린다. 활짝 피
거나 고개를 깊숙이 숙인 이런저런 꽃들과 조화를 이룬다. 후
기인상주의는 원근법을 따르지 않으려 한다. 기하학적 전제도

탈피하려 한다. 그러므로 삐뚤삐뚤하게 느껴지기도 한다. 그것이 불편할 수도 있다. 하지만 후기인상주의 그림들은 우리를 기하학과 원근법의 틀에서 벗어나 다르게 세계를 바라볼 수 있는 가능성을 열어준다.* 모리스 메를로-퐁티(Maurice Merleau-Ponty)는 선행하는 시선의 틀에 매몰되지 않는 후기인상주의의 가능성에 주목한 철학자다.** 그는 우리의 시선에 각인된 이미 만들어진 틀을 지적하며 다음과 같이 말한다(메를로-퐁티, 1985: 24). "대상의 윤곽이라는 것도 (…) 우리가 보는 가시적인 세계(드러나는 그 자체의 세계)에 속하는 것이 아니라, 기하학적인 입장에서 본 것이다."

사실주의의 선행하는 틀이 후기인상주의에는 존재하지 않는다. 사실주의에서 풍경을 바라볼 때 원근법을 투사하면 원근법을 바탕으로 풍경이 그려진다. 원근법이 먼저다. 원근법의 틀을 기준으로 거리에 따라 사물의 크기가 가지런하게 표현된다. 기하학적 접근도 마찬가지다. 쿠르베의 화병처럼 원, 타원,

---

* 　여기서 바라본다는 것은 정확한 표현이 아니다. 능동적인 주체를 전제하지 않는 봄이기 때문이다. 이와 관련해서는 「나가며」의 메를로-퐁티와 맥진에 대한 논의 참조.

** 　메를로-퐁티는 '우리는 어떻게 세계를 아는가'(우리는 아직 이 질문에 대한 답을 잘 알지 못한다) 또는 '그 세계를 아는 우리는 어떤 존재인가'라는 화두를 품고 있던 철학자다. 그의 철학적 질문은 '주체와 대상의 관계'라는 주제를 통해, 이 책에서 다루는 의학 그리고 후기인상주의 미술과 만난다. 메를로-퐁티의 철학과 동아시아의학의 연결점에 관해서는 Kim(2017), 메를로-퐁티의 철학과 예술에 대한 보다 심도 있는 논의에 관해서는 신인섭 외(2020) 참조.

빈센트 반 고흐, <해바라기>, 1888년(위).
귀스타브 쿠르베, <꽃 바구니>, 1863년(아래).

사각형 같은 기하학적 표준을 바탕으로 세계가 표현된다. 하지만 후기인상주의는 이러한 기하학과 원근법이라는 선행하는 틀을 기꺼이 벗어나고자 한다. 세계의 생생한 흐름을 먼저 받아들인다. 그리고 그것을 표현하기 위해 기존의 틀을 사용하지 않으려 한다. 안정적인 틀보다는 세계의 흐름을 드러내는 데 방점이 있다.

맥에 대한 표현도 마찬가지이다. 박동의 크기, 속도, 빈도와 같은 이미 주어진 틀로 측정하기보다는 맥이 드러내는 환자의 상황을 최대한 접수하려 한다. 크기, 속도, 빈도로 심전도를 측정하면 그 변수들에 대해서는 확실하게 알 수 있다.* 몸에 대한 서양의학의 앎은 그렇게 닮을 한다. 하지만 동아시아의학의 앎은 생명의 흐름에 보다 관심을 가진다. 틀이 선행하는 바라봄의 방식과 그렇지 않은 방식은 알고자 하는 것에 차이가 있다. 대상을 강조하고 고정하여 세계를 알고자 하는 경우는 전자의 방식이 어울릴 것이다. 후자의 방식은 세계의 흐름을 읽고 아는 데 더 어울릴 것이다. 이러한 표현 방식의 차이는, 서양의학과 한의학 의료 현장에서 의료인과 환자가 나누는 대화에서도 드러난다.

---

* 서양의학에서도 손목에 손을 대고 몸의 상태를 진단하는 박동학 (sphygmology)이 19세기까지 주요 진단법으로 사용되었다. 이 진단에서 보고자 했던 것이 박동의 크기, 속도, 빈도 등의 변수이고, 그러한 내용은 지금의 심전도 검사에 포함되어 남아 있다(구리야마, 2013).

선행하는 틀과 후행하는 잣대

04

선행하는 틀을 가지고 말하기

병원에서 이루어지는 대화에서는 '수치'와 같은 선행하는 틀이 상담의 주요 테마가 된다.

의사   오늘 270이에요. 그리고 평균 혈당(당화혈색소)은 7.2 퍼센트. 나빠지셨어요.

환자   7.2요?

의사   왜 이렇게 나빠지셨어요?

당뇨로 4주마다 정기 검사를 받는 환자가 병원 만성병 클리닉을 찾았다. 의사는 지난 내원 때의 수치와 이번 내원 때의 수치를 비교해 문제를 파악한다. 그다음, 수치라는 선행하는 틀을 가지고 생활에서의 문제점을 찾아간다. 지난번 내원 때보다 혈당이나 당화혈색소 수치가 높아졌다면, 그 이유를 생활에서 찾는 것이다. 음식 조절, 운동량 등 일상에서 수치가 높아지게 된 원인을 하나씩 짚어간다. 이어지는 대화를 들어보자. "왜 이렇게 나빠지셨어요"라는 질문에, 동행한 환자 보호자가 대신 대답한다.

> 환자 보호자　요즘 음식을 좀 너무 많이 드시는 것 같아요. 너무 짜게. (환자를 보며) 음식 조절하셔야 돼요.
>
> 환자　이번에 왜 나빠졌냐면요. 밥을 제때 먹지 않아서든지…. 조금 뭐 하면 그냥 아무것도 안 보이고 어지럽고 식은땀 나고 아주 사람이 죽어요. 조반 먹고, 점심 먹고, 새참 먹고, 쭉 먹어야 내가 편안해요.
>
> 의사　운동은 좀 하세요?
>
> 환자　운동 열심히 해야죠.

사실주의 그림에서 기하학과 원근법의 틀로 세계를 바라보고 표현하듯, 서양의학에서는 질병독립체, 여기서는 글루코스를 특정하고 수치화하여 그 틀로 환자의 생활을 바라본다. 수치라는 틀이 먼저다. 각 환자에게는 저마다의 일상이 있다. 생활하면서 혈당이 올라가기도 하고 내려가기도 한다. 그러한 상황의 변화를 바라보는 매개가 병원에서는 이미 주어져 있다.

원근법과 기하학으로 풍경을 보는 방식과 유사하다.

선행하는 틀의 중요성이 확연히 부각될 때는 아이러니하게도, 다음과 같이 수치에 문제가 없는 환자의 경우다.

의사 145에 6.7. 좋아지셨네요. 요즘 관리를 잘하시는 것 같아요.

환자 예, 음식 조절을 좀 열심히 하려고 하고요. 운동도 새로 시작했어요.

의사 예. 4주 뒤에 오시면 됩니다.

수치에 문제가 없다면 상담은 다르게 진행된다. 지난번 내원 때만큼 혈당이나 당화혈색소 수치가 높아지지 않았다면 상담 시간도 짧아진다. 선행하는 틀에 문제가 없기 때문에 생활에서의 문제 또한 찾을 필요가 없다. "4주 뒤에 오시면 됩니다"라고, 의사는 상담 종료를 뜻하는 선언을 갑자기 고하기도 한다.

틀 없이 말하기 또는 후행하는 잣대

한의사 (맥진을 먼저 한 후, 본격적인 상담을 시작하며) 어디 불편해서 오셨습니까?

환자 허리요.

한의사 언제부터 어떻게 불편하셨습니까?

환자 한 2달 전부터….

한의사 계기가 있었어요?

환자 원래 좀 아프기도 했는데, 최근에 심해진 것 같아요.

한의사 혹시, 식습관은 괜찮으세요? 밤에 많이 드시거나?

환자 밥을 잘 안 먹어요.

한의사 밥을 잘 안 먹어요? 그럼 어떤 걸 드세요

환자 …….

한의사 하루 종일 드시는 것 좀 말씀해주세요. 아침 드세요?

환자 음, 안 먹을 때가 더 많아요.

한의사 안 먹을 때가 더 많아요. 점심, 저녁은요?

환자 그것도 안 먹을 때가 많아요.

한의사 점심, 저녁 안 먹을 때가 많다. 그럼, 뭐, 빵 같은 걸로 때우세요?

환자 네.

한의사 밤늦게 드시는 경우도 있으세요? 몇 시 이후에 안 먹고 그런 거 있으세요?

환자 아뇨, 대중없어요.

한의사 드실 때도 있겠네요?

환자 예.

한의사 주무시는 것은 몇 시쯤에?

환자 3시.

한의사 지금 맥에서 두드러지는 건요. 소화기 쪽 맥이 좀 안

좋거든요. …이건, 식사가 규칙적이지 않을 때도 그런데, …또 밤늦게 먹는다거나 그런 생활이 되풀이 되면 소화 기능이 안 좋아지거든요.

환자 제가 밥을 먹으면 소화를 잘 못하고, 배탈이 나서요.

한의사 언제부터 그러셨어요?

환자 원래, 제가, 스트레스성…. 뭐라 그러지?

한의사 위염?

환자 예, 스트레스성 위염이 있는데 최근에 좀 심해져가지고요.

한의사 최근에?

환자 한두 달 전부터.

한의사 최근 스트레스 받는 일이 있었어요?

환자 …….

한의사 지금 허리 통증으로 오셨는데요. 허리가 아픈 경우는 여러 가지 이유가 있습니다. 지금같이 식습관이 온전하지 않아도 소화기가 안 좋은 걸로 인해 허리가 안 좋아질 수 있고, 스트레스가 심해도 허리가 아플 수 있습니다.

환자 …….

한의사 오늘은 허리를 위주로 치료하겠습니다만, 소화가 안 되는 것도 같이 치료되도록 하겠습니다. 한의원에 종종 나오실 수 있으시죠?

요통으로 한의원을 찾은 환자와 한의사의 대화 장면이다. 한의사는 요통이라는 순조롭지 못한 몸의 상태와 연관된 생활 요인을 찾아내려 하고 있다. 한의학에서는 수치처럼 이미 정해져 있는, 또는 선행하는 틀이 없기 때문에 묻고 답하는 과정에 많은 시간이 할애된다. 한의사는 대면을 통해 직접 환자의 몸 상태를, 또한 그 원인을 파악해나간다.

그렇다고 해서 동아시아의학에 잣대가 없는 것은 아니다. 그 잣대는 선행하지 않고 후행한다. 상담에서 이야기되는 실제 생활, 맥진에 지금 드러난 맥, 얼굴색 등이 그 잣대에 앞선다. 한의사는 그 현상들을 의학적 잣대에 연결한다. 잣대는 순조로운 흐름이 깨진 것을 보여주는 논리들이다. 한의사는 생활이 불규칙하고 식사를 제대로 하지 않는 것이 흐름을 흔들고 있다고 보며, 요통의 원인으로 음식상(飮食傷), 즉 음식의 과소 및 과대 섭취라는 잣대를 가져온다.

여기서 서양의학의 선행하는 틀과 동아시아의학의 후행하는 잣대는 질적인 차이가 있다는 것을 분명히 할 필요가 있다. 기하학이나 수치는 대상을 특정하고 지시하기 용이한 장치다. 달리 말하면, 특정하고 지시할 수 있는 서양의학의 의료적 대상은 기하학과 수치의 틀과 잘 맞는다. 이에 비해 동아시아의학의 잣대는 포괄적이다. 의료적 대상만을 강조하지 않고, 주체와 객체의 관계를 중요시하는 동아시아의학의 잣대는 서양의학의 틀과 다를 수밖에 없다. 몸의 물질적 요소뿐만 아니라 기와 같은 내용까지 다룬다는 사실이 또한 여기에 영향을 미친다.

서양의학의 틀은 지시와 관련되어 있기 때문에 분명하다. "오늘 270이에요"는 지시할 수 있는 이것(글루코스)이 지난번보다 많다는 의미다. '이것이 많다'는 표현에서, 또한 '이것'이 수치화되어 있는 상황에서 다른 내용을 끄집어내기는 쉽지 않다. 혈당이 정상이면 상담이 종료되기도 하는 이유이다. 동아시아의학의 잣대는 이것과 저것으로, 직접적으로 지시할 수 있는 대상과 일정 정도 거리가 있다. 한의사가 환자의 상호작용을 통해 드러난 것을 '읽어낸 것'의 이름이 음식상이고, 중'풍', 상'한'처럼 돌출된 육기다. 읽는다는 것은 여지가 있다는 것이다. 대상을 수치로 나타내는 것과 같은 여지없는 지시와는 다르다. 이러한 차이가 동서의학의 언어에 선명함과 그렇지 않음을 부여한다.

객관에 대하여

의학적 현상을 드러내는 데, 주체와 대상(객체)이 관계 맺는 방식과 틀/잣대가 다른 상황에서 서양의학과 동아시아의학의 언어는 다를 수밖에 없다. 언어 표현 방식에 많은 것이 연결되어 있는 것이다. 한 측면만 보고 두 의학의 차이에 대해 단언한다면, 서양의학과 동아시아의학을 제대로 이해할 수 있는 길은 닫혀버리고 만다.

수치의 틀이 선행하는 서양의학의 만성병 클리닉에서는, 환자가 생활에서 경험하는 증상과 불편함이 수치만큼 강조되지 않는다. 수치가 잘 관리될 경우 환자가 증상을 호소하더라도 부차적인 것으로 치부될 때가 있다. 하지만 환자의 호소가 중요시되지 않는 상황에 대해, 서양의학은 '비인간적이다' 혹은 '환원적인 의학이다'라고 한마디로 단정한다면, 서양의학의 일면만 본 것이라고 할 수 있다. 지금까지의 논의가 드러내듯이, 그러한 상황은 특정과 지시 가능한 의료적 대상을 강조하는 서양의학의 방향성과 같이 언급되어야 한다. 서양의학의 방향성이 예를 들면, 첨단 과학 기술과 접목되는 성과를 이루었다면(과학기술과 서양의학이 모두 지시할 수 있는 대상을 강조한다는 공통점은 두 분야가 잘 연결될 수 있는 중요한 기반이다), 환자의 주관적 증상에 대한 경시는 그러한 성과에 수반될 수 있는 부(副)작용의 일면이라고 할 수 있다. 마찬가지로, 한의원에서 환자의 증상에 관심을 가지는 것을 한의학의 인간적인 측면이라고 말할 수는 없다. 한의원에서 3분 진료가 드문 것은 인간적인 의학이어서가 아니라, 선행하는 틀 없이 환자의 상태를 파악하는, 혹은 파악해야 하는 동아시아의학의 방향성 때문이다.

마찬가지로, 동아시아의학이 객관적이지 않다는 비판은 맥락을 다 잘라버린 선언일 뿐이다. 대상의 특정과 지시를 강조하지 않는 동아시아의학의 방향성을 고려하지 않는 단정적 언사다. 여기에는 또한 모든 의학이 대상을 강조하여 객체화해서 바라봐야 한다는 전제가 깔려 있다. 심하게 말하면, 그런 선언들은 폭력적이다. 후기인상주의 그림을 보고 사실적이지 않다고 비난하는 것과 같다. 고흐의 그림이 사실적이지 않다는 비난이 적절한 비판이 아니듯, 동아시아의학이 객관적이지 않다는 비난도 정당한 비판이 아니다. 후기인상주의 그림들은 세계를 바라보는 방식이 하나가 아니라는 것을 드러낸다. 동아시아의학 또한 몸을 바라보는 방식이 하나가 아니라는 것을 말한다.

이 책은 객관적이지 않은 의학을 변호하려고 하는 것은 아니다. 객관은 어떤 바라봄인가를 먼저 '객관적으로' 생각해보자는 것이다. 거기에 연결된 인식과 언어 표현의 방식을 궁구해보자는 것이다. 그리고 객관 없는 앎도 존재할 수 있다는 점을 생각해보자는 것이다. 객관은 역사적 현상이다. 그것은 계몽주의 이후 근대적 자연 개념이 대두되고, 그 자연을 바라보고 재현하는 사회적 활동 속에서 자리를 잡았다.*

당연한 앎의 방식으로 우리에게 각인되어 있지만, 세계를 바라보는 방식에는 객관만 있는 것은 아니다. 우리가 객관에, 바라보고 아는 하나의 방식 이상의 가치를 부여할 때 우리는 객관에 갇힌다. 객관 아닌 앎에 눈감게 된다. '객관적이지 않다'라는 말을 남발하게 된다. 세계에 대한 앎의 방식이 하나가 아니라는 것을 받아들인다면, 객관 아닌 앎을 이해해보려고 한다면, 우리는 지금까지와는 다른 세계에 대해 이야기할 수 있

---

* 역사적 현상으로서의 객관과 이에 연결된 사회적 활동들에 관해서는 쿤(2013), 해러웨이(2007), Daston and Galison(2007) 참조.

다. 의료'들'이 들려주는 하나가 아닌 세계에 대한 앎, 그 방식 밖의 앎에 눈뜰 때 열리는 또 다른 세계, 그 세계 속에서 우리 자신이 갖게 될 또 다른 존재론적 가능성. 이 책의 관심사는 그 러한 것들을 향해 있다.

4장

침,
몸의 가능성을
돕다

'치료'가 아닌 '치'

01

'치'라는 한자

치(治)라는 한자는 원래 이런 모양이었다.* 이 글자의 모양은

---

* 이 책에서는 '치료'라는 말을 잘 사용하지 않는다. 치료는 근대 이후 동아시아에 정착된 말이다. '진단'도 마찬가지다. '자연'처럼 근대 이후에 정착된 말을 사용하다 보면 근대 이전의 사유에 대해 놓쳐버리는 경우가 생기게 된다. 3장에서 살펴보았듯이, 언어 속에는 그 말을 사용하는 시대의 관점들이 내재해 있기 때문이다. 동아시아에서는 치(治), 진(診) 등 하나의 문자로 표현하려는 경향이 강했다. 이에 비해, 근대적 용어들은 두 자 이상으로 표현하려는 경향이 분명하다. 보다 정확한 규정을 위해서이다. 하지만 번역어의 영향을 받기 이전에는 그러한 규정에 대한 요구가 심하지 않았다. 명확히 규정하는 것의 장점도 있겠지만 그에 따른 제한도 있다. 쉽게 규정될 수 없는 것을 배제하게 되는 것이 대표적인 제한이다. 동아시아의 사유와 그에 바탕을 둔 의료를 말하는 이 책에서는 동아시아에서 말을 사용하는 원래 방식을 가능한 따르려고 한다.

동아시아에서 치료가 무엇인지에 대해 많은 것을 말해준다. 원래 '치'는 물(氵)의 흐름에 영향을 미치는 모습을 형상화한 데서 비롯되었다. 여기에도 '흐름'의 언사가 있다. 앞에서 진단은 흐름의 양상에 대한 표현이라고 했다. 그리고 병명은 순조로운 흐름이 흐트러져 다른 표현이 필요할 정도의 양상에 이름을 붙인 것이라고 했다. 진단과 병명이 흐름에 관한 것이라면 치료도 당연히 흐름과 관련되어 있어야 할 것이다. 그 흐름이 순조롭지 못할 때 통증과 질병을 경험하게 되며, 치는 그 흐름을 다시 순조롭게 하기 위한 노력이다.

여기서 중요한 것은 순조로운 흐름이 이미 존재한다는 사실이다. 그 흐름이 계속되고 있다. 그런데 문제가 좀 생길 수도 있다. 막히기도 하고, 천천히 흐르기도 하고, 혹은 너무 빨리 흐르기도 한다. 그 양상을 평소같이 하기 위해서는, 흐름의 방향을 완전히 바꿀 필요는 없다. 다시 원래 흐름이 되도록 도와주면 된다. 치(治)의 상형같이, 물길에 조금 영향을 주어 그 물길이 제 물길에 맞게 흐르도록 하면 된다. 이 상형은 흐름을 도와주는 것을 표현하고 있다. 있는 물길을 막고 새 물길을 만들 필요는 없다. 그런 심각한 변화를 상정하지 않는다. 즉, 동아시아의학에서는 본디의 순조로운 흐름, 본디 생명의 경향을 항상 염두에 둔다.

몸 안팎의 치

흐름의 비유는 동아시아의학의 진단에도 병명에도, '치'를 말하는 데도 도움이 된다. 그리고 흐름의 관점이 투과된 치를 통해, 동아시아의 사유에 대해 여러 가지로 생각해볼 수 있다. 치(治)라는 글자는 치료(治療)에도, 정치(政治)에도 사용된다. 동아시아에서 정치와 치료는 크게 다르지 않다. 동아시아 최고의 정치가인 요순은 아무것도 하지 않았다고 한다. 그런데 태평성대를 이루었다. 물론 아무것도 하지 않은 것은 아니다. 요체는 인위적으로 뭘 하려 하지 않았다는 것이다. 즉, 민심의 '흐름'을 의도적으로 바꾸려 하지 않았다. 광장에서 스펙터클한 형벌을 연출하지도 않았고, 감옥을 증설하지도 않았다.* 그러고도 요순시대를 만들어냈다. 동아시아에서 정치는 이런 이상을 품고 있었다. 사람들 안에 있는 순조로운 흐름의 가능성**을, 그 흐름의 가능성대로 펼치는 것이 정치다. 정치에도 치료에도, 동아시아에서는 본래의 흐름이 항상 염두되어 있다. 그 원래의 순

---

* 이것은 『감시와 처벌』에서 예시하는 근대 이전과 이후의 대표적인 처벌 방식이다(푸코, 2016).

** "수신제가치국평천하"가 등장하는 『대학』의 첫 문장에서는 "대학지도 재명명덕"(大學之道 在明明德)이라고 말한다. 이 문장에서 뒤의 '명'은 형용사이고 앞의 '명'은 동사다. "(사람에게 이미 있는) '밝은' 덕을 '밝히는' 것이 큰 배움의 요체다." 밝은 덕은 이미 사람들에게 있다. 그 밝은 덕을 스스로 또한 다른 사람들과 함께 밝히는 것이 큰 배움[大學]을 추구하는 사람이 할 일이다.

조로운 흐름을 구현하여, 사람도 사회도 나아지게 하고자 했다.

그러므로 동아시아에서 치가 치료에도 쓰이고 정치에도 쓰이는 것은 우연이 아니다. 사상의학을 주창한 이제마가『동의수세보원』에서 "심우천하지불치"(深憂天下之不治, 천하가 치유되지 못함을 심히 우려함)를 말하는 것 또한 우연이 아니다. 의학서에서 "천하지불치"(天下之不治, 천하의 치유되지 못함)를 말하는 것, 이것은 분명 중의법이다. 『동의수세보원』은 특히 천하의 제대로 된 치와 몸의 치가 둘이 아님을 강조한다. 이 책에는 요순도 등장한다. 첫 장인「성명론」(性命論)에 나오는 요순에 대한 논의를 통해 이 책의 주제를 알 수 있다. 우리가 선한 것을 좋아하고 악한 것을 싫어하는 것은 요순과 똑같다. 하지만 성(性)과 명(命)을 사용하는 데 차이가 난다. 그 차이를 줄이는 것은 삶의 도리일 뿐만 아니라, 또한 건강의 요체다. 성명을 소임에 맞게 사용하면서 마음도 몸도 건강한 삶을 살 수 있다.* 이것이 사상의학의 핵심이다. 사상의학이 예시하듯, 동아시아에서 정치와 치료는 많은 것을 공유한다. 둘 다 흐름에 대한 사유와 행위의 방식으로 읽을 수 있다. 그리고 이것이 이 책 후반부에서 다룰 동아시아의학의 치료에 대한 중요한 힌트다. 치가 가진

---

* 『동의수세보원』의 논의를 따라, 성과 명은 세계를 알고 그 세계 속에서 행하는 방식이라고 표현할 수 있다. 이 방식은 하나가 아니며 사람에 따라 차이가 있기 때문에, 이제마는 태양인·소양인·태음인·소음인의 사상인(四象人)으로 나누어 보는 것을 제안한다. 사상인은 자신에게 주어진 바에 맞게 알고 행함으로써 한 존재로서 세상에 소임을 다할 수 있고, 이것은 또한 몸의 이치를 구현하여 건강하게 사는 것과 연결된다.

복수의 의미는 몸 안팎을 바라보는 동아시아의 관점을 예시한다. 의료가 말하는 몸에 대한 이해는 몸 밖의 세계에 대한 이해와도 밀접한 관계가 있다.

스스로 운행하는 몸

02

흐름을 돕는 혈자리

침과 약은 동아시아의학이 병을 치료하는 방식, 다시 말해 몸에 치를 하는 방식을 말해준다. 두 방식은 조금 다르다. 그 차이를 다양하게 이야기할 수 있겠지만, 이렇게 표현할 수도 있다. 약에 비해 침은 몸 자체의 가능성에 보다 많은 관심을 갖는 치법이다. 그 가능성을 충분히 활용하여 순조로운 흐름을 돕는다. 침에 비해 약은 몸 밖의 존재들, 예를 들면 약으로 쓰이는 식물들과의 관계가 더 많이 관련되는 치법이다. 그 관계가 흐름을 돕는 데 주로 작용한다. 침과 약, 두 방식은 동아시아의학의 치를 이해하는 데 크게 도움을 준다. 또한 동아시아에서 몸을 어떻게 이해하고 몸 밖 존재들과 어떻게 관계 맺는지에 대한 흥미로운 관점을 드러낸다.

먼저 침을 통한 치부터 이야기해보자. 침을 생각하면, 서양의학의 주사가 같이 떠오른다. 둘 다 피부를 관통하는 바늘을 통해 몸에 어떤 영향을 주어, 아픈 몸을 건강한 몸으로 되돌리려 한다는 점에서 공통점이 있다. 하지만 구체적 내용에서는 분명한 차이가 있다. 주사는 주사액이라는 효능을 지닌 물질을 주입하지만, 침은 그렇지 않다. 주사에 익숙한 사람들에게 침은 무용하게 보일 수 있다. 서양의학에서는 첨단 연구를 통해 주사 내용물이 변화하는데, 동아시아의학은 오래전부터 같은 행위를 답습하고 있다고 생각할 수 있다. 하지만 둘의 방향성은 서로 다르다. 주사액이라는 물질을 주입해 몸에 변화를 일으키려는 주사의 방향성에는 인간 존재의 물질적 측면을 강조하는 서양의학의 관점이 깔려 있다. 같은 방식으로, 인간 존재에 대한 동아시아의 이해 위에 침의 방향성이 있다.

주사액과 같은 외부 주입이 없다는 것은, 역으로 몸이 스스로 운행할 여지가 있고 이를 통한 치유에 침이 관심이 있다는 것을 의미한다. 침은 그 본디의 순조로운 운행에 도움을 주려는 '치'이다. 그러기 위해서는 운행의 방식을 알아야 했다. 이 운행 방식과 관련해 기가 흐르는 길들을 알게 되고, 그중 대표적인 길을 경락(經絡)이라고 이름하였다. 경락은 경맥과 락맥을 함께 부르는 말로, 세로로 흐르는 기의 물길을 경맥이라고 하고 가로로 흐르는 기의 물길을 락맥이라고 한다. 동아시아에서 기의 흐름에 대한 관심은 또한 그 길 위에서 그 흐름에

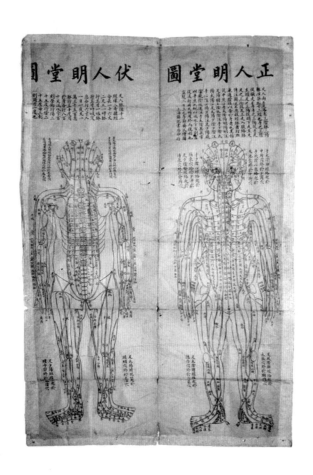

혈자리를 모아놓은 그림인 명당도. 왼쪽은 몸의 후면부에 있는 혈자리를, 오른쪽은 몸의 전면부에 있는 혈자리를 나타낸다.

영향을 줄 수 있는 효과적인 자리들에 대한 관심으로 이어졌다. 바로 혈자리이다. 다음은 『동의보감』에 나오는 혈자리 표현으로, 차례로 합곡, 통곡, 양곡이라 불린다.

엄지와 둘째 손가락의 중수골 사이 움푹한 곳에 맥이 뛰는 곳이다.
새끼발가락 바깥쪽으로 본절의 앞 움푹한 곳이다.
손목의 바깥쪽, 뾰족한 뼈 아래 움푹한 곳이다.

혈자리 이름에는 곡(谷, 계곡) 자가 많다. 계곡같이 움푹 들어간 곳을 이른다. 능(陵, 언덕), 천(泉, 샘), 구(丘, 구릉), 계(溪, 계곡), 택(澤, 연못) 등의 글자도 혈자리 이름에 곧잘 쓰인다. 혈자리는 지리와 풍수의 언사를 가지고 있다. 몸이라는 지형에서 혈자리들은 명당의 자리다. 혈자리를 모아놓은 그림의 이름도 명당도(明堂圖)이다. 명당은 땅의 혈자리이고, 혈자리는 몸의 명당이다. 거기엔 치기(治氣)를 할 수 있는 여지가 있다. 기의 흐름을 도울 수 있는 최적의 장소들이다.

맥락과 경락

침과 관련된 표현은 우리가 사용하는 일상어에서 어렵지 않게 발견된다. 그 말들을 짚어보면 침을 통한 치가 어떤 의미인지

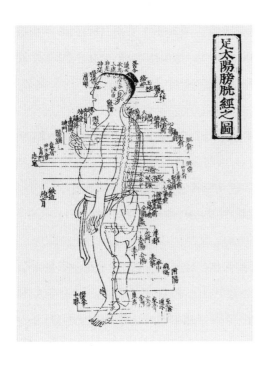

족태양방광경은 발끝에
서 허리를 돌아 머리와
눈까지 이어진다. 족태양
방광경이라는 긴 이름과
그 경로가 말하는 것은
어떤 연결성이다(한국학
중앙연구원 소장).

짐작할 수 있다. 맥락(脈絡)은 그중 하나다. 기본적으로 맥락이
라는 단어는 맥이 경락을 따라 흐른다는 의미다. 어떤 일을 '맥
락 속에서 바라본다'라는 것은 그 일을 전체적인 관계와 흐름
속에서 본다는 것이다. 그에 맞게 응대한다는 것이다. 맥락 속
에서 바라보고 그 맥락에 맞게 일한다면 일이 잘 진행될 것이
다. 문제도 해결될 것이다. 침을 통한 치도 마찬가지다. 몸의
전체적인 관계와 흐름 속에서 문제를 바라보고 그에 도움을 주
려 한다.
　'같은 맥락'이라는 말도 침을 통한 치에 관해 시사하는 바

가 있다. 특히 혈자리와 경락의 관계에 대해 말해준다. 혈자리 자체가 어떤 맥락 위에 위치해 있다. 혈자리는 우리 몸 위에 무작위로 흩어져 있지 않다. 그 맥락을 지시하는 말이 바로 경락이고, 경락의 이름이 경락 위 혈자리의 맥락을 말해준다.

예를 들면, '족태양방광경'이라는 경락의 이름은 세 가지 '맥락'을 말한다. 먼저 족(足)은 다리 쪽으로 흐르는 경맥이라는 것이다.* 태양(太陽)은 태양, 소양, 양명, 태음, 소음, 궐음으로 나누는 동아시아의학의 경락 분류 방식에 의해 붙여진 이름이다.** 그 경맥의 전체적인 성향에 대한 언급이라고 할 수 있다. 마지막으로 방광경(膀胱經)은 이 경락이 몸 내부의 오장육부 중 방광과 연결된다는 의미다. 그리하여 족태양방광경은 다리 쪽으로 흐르고, 태양의 성향을 가졌으며, 방광과 연결된 경락이라고 읽을 수 있다. 긴 이름이 말하고자 하는 것은 결국 어

---

*   경맥은 크게 다리로 흐르는 족경과 손으로 흐르는 수경이 있다.

**   경락에 붙은 태양은, 사상의학에서 말하는 태양과 다르다. 태양, 소양, 태음, 소음은 음양을 나누는 분류 방식이다. 양을 한 번 더 나누어 태양, 소양이라 하고, 음을 한 번 더 나누어 태음, 소음이라고 한다. 분류된 이름은 같지만 어떤 관점으로 분류했는지에 따라 차이가 난다. 경락의 태양은 그 경락의 전체적인 경향성에 대한 것이고 사상의학의 태양은 사람의 성정과 장부대소(臟腑大小)에 의한 체질 분류에 대한 것이다.
동아시아에서는 같은 명칭들이 곧잘 등장한다. 이러한 이름들을 같은 의미로 받아들이면 내용을 오해하게 된다. 같은 이름이라고 하더라도 어떤 '맥락'에서 그 이름을 사용했는가를 살펴보아야 한다. 문맥(文脈)은 동아시아 언어를 이해하기 위해 특히 중요하다. 유학에서 말하는 음양과 의학에서 말하는 음양은 다를 수밖에 없다. 동아시아 사유에 대한 오해는 흔히 이러한 언어 사용 방식에 대한 오해와 관련이 있다.

떤 연결성이다. 즉 '맥락'에 관한 것이다.

우리 몸은 연결되어 있다

침을 통한 치는 우리 몸의 연결성을 잘 드러낸다. 침 치료는 우리 몸에서 맥락이 닿아 있는 부분들에 주목한다. 특히, 이러한 측면이 두드러지는 침법으로 사암침이 있다. 사암침은 조선시대에 시작된 한국 한의학의 대표적인 침법의 하나로, 팔꿈치 아래, 무릎 아래에 위치해 있는 혈자리를 사용한다. 그래서 사암침에서는 머리가 아플 때에도, 배가 아플 때에도 팔꿈치 아래, 무릎 아래에 침을 놓는다. 두통과 요통 치료를 위해 새끼발가락 쪽에 위치한 통곡혈에 침을 놓는 장면을 한의원에서 어렵지 않게 목격할 수 있다. 이는 우리 몸이 연결되어 있음을 보여주는 극적(劇的)인 장면이다.

앞의 족태양방광경 그림에서 발 외측 혈자리 중 두 번째가 통곡혈이다. 통곡은 족태양방광경이라는 경맥 위에 있고, 이 경맥은 발끝에서 허리와 뒷머리를 돌아 몸 전면의 눈까지 연결된다. 이러한 기의 물길 맥락을 통해, 발끝의 혈자리 자침으로 두통이나 요통의 치가 가능해진다.

서울의 한 한의원에서 만난 초등학생 남자아이의 사례를 보자. 아이는 두꺼운 안경을 낀 꼬마박사 같은 얼굴이었다. 밤에 자주 화장실에 가는 것이 한의원을 찾은 주된 이유였다. 어

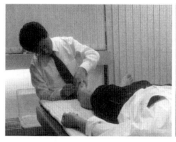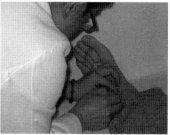

몸의 상부 문제를 치료하기 위해 발 쪽에 침을 놓는 장면을 한의원에서 어렵지 않게 목격할 수 있다. 우리 몸이 연결되어 있음을 보여주는 극적인 장면이다.

머니에 따르면, 아이의 증상들은 수술 이후에 나타난 현상이었다. 종양 때문에 병원에서 두 번의 뇌수술을 한 후, 밤에 목마르다는 말을 많이 하면서 소변을 자주 본다고 했다. 시력이 떨어진 것도 뇌수술 이후의 현상이었다. 한의사는 아이가 경험하는 증상들과 연관된 족태양방광경에 주목했다. 경맥 이름에 있는 '방광'은 말할 것도 없고, 머리(뇌)와 눈(시력)을 지나는 경맥의 흐름이 아이의 증상과 관련이 있었다. 한의사는 족태양방광경이 허약해진 것이 문제라고 보고, 그 경맥을 돕는 침 치료를 시작했다.

그 한의원에서 장기간 현지조사를 하며, 침 치료를 통한 변화를 지켜볼 수 있었다. "이제 밤에 물 조금만 먹어요. 엄마가 (물병에) 물 가득 채우거든요. 근데 (요즘에는) 어쩔 때는 안 먹을 때도 있고 조금 먹을 때도 있어요." 아이는 침 치료 이후의 변화를 이렇게 표현했다. 아이 어머니도 침 치료가 도움이 된다고 했다. 병원에서 시력 검사를 받았는데, 시력이 0.1 올

랐다고 이야기했다. 뇌수술 후에 시력이 떨어지기만 했지 올라
간 적은 없었다. 0.1이지만, "큰 변화"라고 했다(Kim, 2016).

빽빽한 아날로지의 연결망

03

내추럴리즘과 아날로지즘

침을 통한 치가 어떻게 이루어지는지를 말하기 위해서는 동아시아가 몸을 어떻게 이해하는지를 함께 말해야 한다. 몸에 대한 이해를 바탕으로 치료의 논리도 만들어졌기 때문이다. 동아시아에서 세포, DNA, 단백질의 조합으로 몸을 보지 않는다면, 그 치료의 논리 또한 서양의학과 차이가 있을 것이다. 의학이 몸을 이해하는 방식은 의학 내부에만 국한되지 않는다. 그것은 의학 외부의 존재에 대한 이해와 연결되어 있다. 몸에 대한 근현대 서양의학의 접근법을 논할 때 곧잘 데카르트 철학이 소환되는 이유이다. 그렇다면 동아시아의학은 어떠한가? 동아시아의학은 몸과 존재에 대한 어떤 이해를 바탕으로 진단하고 치료하는가? 침을 통한 치를 말하기 위해서 이것은 반드시 물어야 하는 질문이다. 이러한 질문을 던지지 않을 때 서양의학 외 여러 의학에 대한 오해가 생겨난다. 동아시아의학을 포함한 모든 의학이 서구 철학의 방식으로 몸을 이해하리라고 여긴다. 이러한 오해를 넘어 다양한 의료 '들'을 직시하기 위해, 몸과 존재를 이해하는 방식 '들'은 꼭 살펴보아야 한다.

프랑스의 인류학자 필리프 데스콜라(Philippe Descola)는 방대한 인류학 연구 자료를 통해 몸-존재에 대한 이해가 하나가 아님을 보여준다.* 그는 존재에 대한 인류의 이해를 네 가지로 분류했다(Descola, 2013). 내추럴리즘(naturalism), 애니미즘(animism), 토테미즘(totemism), 그리고 아날로지즘(analogism)이 바로 그것이다.** 이 중 지금 인류가 존재를 이해하는 방식을 주도하는 것이 내추럴리즘이다. 근대 서구에서 발원한 내추

* 데스콜라의 논의는 인류의 복수의 존재론이 복수의 몸에 대한 이해와 연결되어 있음을 보여준다. 이러한 맥락에서 여기서는 몸-존재에 대한 이해라고 표현했다.
** 이 책에서는 내추럴리즘과 아날로지즘을 주로 이야기하지만, 애니미즘과 토테미즘도 인류의 주요 존재론을 구성한다. 애니미즘은 인간과 비인간이 내면의 소통을 통해 사회적 관계가 가능하다고 이해하고, 토테미즘은 인간과 비인간이 내면과 외면의 특성을 공유한다고 이해한다.
애니미즘과 토테미즘은 현대 문명과 먼 고대 국가 이야기가 아니다. 인류가 견지하고 있는, 인간 자신을 이해하는 방식이자 인간 외 존재들과의 관계를 설정하는 방식에 대한 이름이다. 예를 들어 일본은 대표적인 '문명국'이지만 그 기저에는 신토(神道)라는 애니미즘이 깔려 있다. 인간 외 존재들도 인간과 소통할 수 있다고 믿기 때문에 '로봇개 아이보'의 장례식을 치르기도 한다. 이처럼 다양한 사회적 행위들은 존재론적 전제와 연결되어 있기 때문에 존재론 논의가 중요해진다(Jensen and Blok, 2013).

럴리즘은 근대화와 서구화의 물결 속에서 존재를 이해하는 주된 방식으로 자리 잡았다. 내추럴리즘은 세계를 자연과 문화, 자연과 인간으로 분절해 이해하는 것이 특징적이다. 3장 서두의 자연(nature)과 자연(自然) 논의에서 드러나듯, 자연과 인간을 나누는 것을 당연시하는 경향이 내추럴리즘의 전 세계적인 헤게모니를 예시한다. 데스콜라는 다양한 인류학 현지조사 자료들을 통해 복수의 존재론을 제시하면서, 지금 주도적인 영향력을 행사하고 있는 내추럴리즘도 존재를 이해하는 하나의 방식임을 드러낸다. 그래서 책의 제목이 "자연과 문화를 넘어서"이다.

내추럴리즘은 몸-존재를 이해하는 유일한 방식이 아니다. 복수의 의료들은 복수의 존재론 위에서 진단하고 치료한다. 데스콜라의 네 가지 존재론 중에서 아날로지즘은 동아시아 의학의 존재론에 관한 명명이다. 아날로지즘은 존재들의 기저를 흐르는 이치에 주목한다. 그 이치가 근간을 이루면서, 또한 변주하면서 세계를 구성한다. 이때 아날로지(analogy)는 그 근간의 이치를 이르는 말이다.*** 음양, 사시, 오행, 주역 괘가 동아시아 아날로지의 예시들이다. 특히, 음양(陰陽)은 동아시아

*** 이 책에서는 '아날로지'를 '유비'라고 번역하지 않았다. 데스콜라의 '아날로지즘' 또한 '유비주의'라고 번역하지 않고 영어 발음대로 두었다. '유비'라고 하면 존재들 간의 유사성을 지나치게 강조하면서, 그 기저에 흐르는 이치를 놓칠 수 있다. 여기서는 소리 나는 대로 표기하고 차후에 합당한 번역어를 기약하고자 한다(김태우, 2020).

의 아날로지를 대표하는 이름이다. 음양은 각각의 상황에 따라 천지, 밤낮, 암수, 더위와 추위, 머무름과 움직임 등으로 변화한다. 예를 들어, 천지, 밤낮, 암수는 공간, 시간, 그리고 생물을 배경으로 표현된 음양이라고 할 수 있다. 음양이라는 이치는 각각의 배경에 조응하며 다르게 나타난다. 세계는 이치의 변주곡이다. 하지만 근간이 되는 이치는 여전히 내재해 있다. 이렇게 근간의 이치를 바탕으로, 데스콜라의 표현으로 하면 "빽빽한 아날로지의 연결망", 즉 이치가 변주하면서 이루는 존재의 연결망이 아날로지즘의 세계다. 아날로지즘은 동아시아 존재론과 그에 연결된 치(治)를 이해하는 데 많은 도움을 준다.

음양과 사시

동아시아 존재론을 바탕으로 침을 통한 치를 말하기 위해, '음양'에 대해 좀더 살펴볼 필요가 있다. 음양은 누구나 아는 개념이지만(동아시아 밖에서도 번역하지 않고 yinyang이라고 표기한다), 오해 또한 흔하다. 여기서 음양에 관한 대표적인 오해를 분명히 짚고 갈 필요가 있다. 아날로지즘의 특징 때문에, 그런 오해가 불식되지 않으면 동아시아 존재론 전체가 '오해의 연결망'으로 전화될 수 있기 때문이다.

음양은 밤낮이나 남녀 같은 대립 쌍을 곧잘 가리키지만,

차이보다는 둘 사이의 상호작용이 더 핵심적이다. 음양이 반드시 함께 있어야만 생명이 싹트고 자랄 수 있다. 낮만 지속될 수 없고 여름만 지속될 수 없듯이, 낮과 밤, 여름과 겨울이 있어야 그 변화하는 시간 속에 기거하는 존재들도 살 수 있고 성숙해질 수 있다. 사람들을 양인(陽人) 둘(태양인, 소양인), 음인(陰人) 둘(태음인, 소음인)로 나누는 사상의학도, 혈액형 성격 분류같이 각각의 차이만을 강조한다면, 중요한 내용을 놓치게 된다. 사상의학은 근본적으로 사람들의 성정 차이를 받아들이고, 이 차이가 사회적 관계에서 자아내는 시너지에 주목한다. 양인들과 음인들은 성정의 차이에서 드러나는 각각의 소임이 있다. 모두 소임을 다할 때 그 사람들이 이루는 사회도 고무적인 공동체가 된다.

음과 양을 떨어뜨려놓고 대조만 강조하면 두 요소가 만들어내는 세상의 전체 그림을 보지 못한다. 또한 두 요소 사이에 위계를 두는 오류도 낳기 쉽다. 음과 양이 이루는 수평 축을 상하 축으로 돌려서 음양을 우열로 받아들이는 것은 동아시아 아날로지즘에 대한 흔한 오해다. 남녀를 각각 양과 음에 연결하면서 차별을 고착화하려는 생각은 음양에 대한 대표적인 전용이다. 물론 음과 양에 차이는 있다. 하지만 그 차이만 말하는 데 그친다면, 위계를 말하기 위해 그 차이를 전용한다면 음양을 말하지 않은 것과 같다. 음양은 그 사이의 상호작용의 관계가 생명의 잠재력을 드러낸다는 점이 중요하다. 흐름과 생명의 가능성을 중요하게 여기는 동아시아의학에서는 특히 그러하다.

또한 음양은 고정된 명명이 아니다. 아날로지의 연결망을 이루는 '근간'이지만 생각만큼 견고한 토대가 아니다. 음양은 천지, 밤낮, 여름과 겨울로 변주할 준비가 되어 있는 이치다. 밤낮 안에서도 음양은 변한다. 낮 시간에 양만 있는 것도 아니다. 낮이 양이라 하지만, 해가 막 떠오를 때의 양과 해가 중천에 있을 때의 양은 다를 것이다. 그것을 다시 음양으로 표현할 수 있다. 밤에서 막 벗어난 아침은 음 중의 양, 최고 기온의 한낮은 양 중의 양이라고 말할 수 있다. 음양은 변화의 와중에 있는 것에 대한 이름이다. 하지만 음양은 그 기저에 흐르는 이치를 잃지 않는다. 원칙이지만 변주하는 원칙, 변주하지만 근간의 이치를 잃지 않는 변화에 관한 이름이 음양이다.

음양의 변주는 또 다른 아날로지를 낳기도 한다. 사시(四時)는 음양의 변주이면서 또한 그 자체가 또 하나의 아날로지, 즉 이치의 근간이 된다. 사시는 음양이 품고 있는 이치를 구체화한다. 음양에는 음에서 양으로, 양에서 음으로의 흐름이 내재해 있다. 하지만 '음양'에는 그 과정이 잘 보이지 않는다. 글자 그대로 네 개의 때를 뜻하는 사시는 음양이 전제하는 흐름의 관점을 훌륭하게 드러낸다. 봄, 여름, 가을, 겨울로 계절이 흐르듯, 아침, 낮, 저녁, 밤으로 하루가 흐르듯, 사시는 흐름에 관한 것이다. 이 흐름은 크게는 음양의 흐름이다. 즉, 양(봄·여름, 아침·낮)에서 음(가을·겨울, 저녁·밤)으로, 혹은 음(겨울, 밤)에서 양(여름, 낮)으로의 흐름이다.

이 사시의 순조로운 흐름은 존재들을 살게 한다. 사계절의 순조로운 흐름이 생명을 살린다. 기후변화는 이 순조로움이 깨어진 것이다. 생명들이 멸종 위기로 몰린다. 2장 메니에르 환자의 경우에서 보았듯이, 사시의 흐름대로 밤에 푹 자고 낮에 활기차게 움직이는 생활이 몸을 건강하게 한다. 사시의 순조로운 흐름이 지구에도 있고 몸에도 있다. 생명을 살리는 시공간, 또한 그 안에 기거하는 생명 자체도 이러한 흐름의 이치를 공유한다는 것이 사시 개념이 말하고자 하는 것이다.

생명은 과정이다. 생명은 고정되어 있는 개체가 아니라 흐름 속에 있다. 시공간을 포함해 모든 존재들이 흐름의 이치를 공유한다. 이것이 동아시아에서 존재를 이해하는 방식이다. 이와 같이 동아시아에서 자연(곧잘 하늘 또는 천지라 불린다)과 인간은 연결된다. 번역어 자연(nature)이 아니라 스스로 그러함의 자연(自然)에는 인간도 있고 비인간 존재도 있고 사물도 있다. 모두 아날로지의 연결망에 이어져 있다.*

연결되어 흐름을 공유한다. 존재가 흐름이니, 그 존재의 아픔도 흐름의 관점으로 읽어낼 수 있다. 치유도 흐름에 관한 것이다. 사시를 공유하는 존재들은 그 공유점들을 통해 연결되어 있고, 이 연결망이 침을 통한 치를 가능하게 한다.

---

* 생명들이 사시의 이치를 공유한다는 동아시아의 관점을 가이아(Gaia) 이론과 연결할 수 있다. 기후변화의 위기에 처해 있는 상황에서 이에 관해 앞으로 더 많은 논의가 필요할 것이다.

양상을 가진 중층의 흐름

동아시아의 아날로지들이 가리키는 존재와 세계를 한마디로 표현해본다면, 양상을 가진 중층(重層)의 흐름이라고 할 수 있을 것이다. 사시를 통해 이를 구체화해보자. 사시는 흐름을 강조하지만 그냥 흐르지 않는다. 거기에는 근간의 이치뿐만 아니라 '양상'이 있다. 사시는 시간처럼 흐름을 가지지만, 시간의 언사만 있는 것은 아니다. 양상이라는 공간적 모양새도 가지고 있다. 이에 따라 사시를 표현해보면, 피어나는 모양새, 왕성하게 확장하는 모양새, 펼쳤던 기운을 다시 모으는 모양새, 그리고 기운을 더 모아서 저장하는 모양새가 된다. 봄, 여름, 가을, 겨울의 기운이, 그리고 아침, 낮, 저녁, 밤의 기운이 그러한 양상을 가지고 드러난다는 것이다. 이들 모양새가 있기 때문에 침을 통한 몸의 변화도 가능하다.

이들 사시의 양상을 표현하는 말로 각각 생(生), 장(長), 수(收), 장(藏)을 사용한다. 이들 양상은 연결되어 있다. 그래서 양상을 가진 흐름이다. 여기선 흐름의 순서가 중요하다. 때에 맞게 모양새를 갖추고 흘러야 한다. 겨울에서 바로 여름이 되지 않는다. 피어나는 봄 기운[生]이 저장하는 겨울 기운[藏]을, 꽁꽁 쥐고 있는 겨울 꽃눈 같은 기운을 딛고 나온 다음에야 왕성하게 확장하는 여름 기운[長]도 가능하다. 그래서 봄은 여름을 낳는다고 곧잘 말한다. 여름에서 겨울도 바로 되지 않는다. 수렴하는 가을 기운[收]이 펼치는 여름 기운[長]을 거두어줘야,

더 움츠리고 저장하는 겨울 기운[藏]도 가능하다. 그래서 가을
은 겨울을 낳는다고도, 가을은 겨울의 부모라고도 말한다(김태
우. 2019). 이러한 양상을 가진 흐름이 동아시아의 몸과 생명에
대한 논의의 핵심 중 하나다.

　　그래서 사시는 시(時)에 맞는 활동과 현상을 표현한다. 생
장수장은 때에 맞는 생명 활동과 그 순조로운 흐름을 말한다.
생은, 장은, 수는, 그리고 장은 자연에도 있고, 인간의 몸에도
있다. 몸 내부의 장부에도 이 생명 활동의 이치는 관통한다. 또
한 장부와 연결된 경락과 혈자리에도 생장수장의 기운이 있다.
그리하여 사시의 흐름을, 층층이 겹쳐 있는 중층의 흐름이라고
표현할 수 있다. 앞서 데스콜라가 "빽빽한 아날로지의 연결망"
이라고 부른 것이다.*

　　살아 있기 때문에 생명은 움직인다. 그 살아 움직임의 흐
름은 어떤 근간에 기반한다. 이 근간의 이치는 배경에 따라 중
층으로 다양하게 표현되며 변주한다. 생장수장의 양상도 마찬
가지이다. 그것이 온도로 나타나면 한랭온열, 기후로 나타나면
풍화조한이다.** 표현은 다르지만, 그 근간의 이치를 공유한다.

---

*　　동아시아의학의 고전인 『내경-소문』에서는 사시(음양)에 바탕을 둔 아날
　　로지즘의 연결망을 "사시음양자 만물지근본야"(四時陰陽者 萬物之根本也,
　　사시음양은 만물의 근본이다)라고 표현하고 있다.
**　맥락에 따라 사시는 넷이 아니라 다섯, 또는 그 이상으로 표현되기도 한
　　다. 하지만 사시의 근간, 혹은 좀더 근본적으로 음양의 원칙은 바뀌지 않
　　는다. 봄, 여름, 가을, 겨울 사이에 절기가 바뀌는 환(換)절기가 있다. '장
　　하'라고 부르는 이 변화의 시기를, 양적인 봄·여름 기운에서 음적인 가을·

생장수장의 이치는 한 존재 안에서도 중층적으로 드러난다. 이러한 경향성이 동아시아의학의 몸-존재의 핵심인 셈이다. 이를 바탕으로 침을 통한 치가 진행된다.

겨울로 크게 바뀔 때 사이에 위치시키면 사시는 다섯이 된다. 이때, 이 다섯 분류를 기후와 연결시키면 풍(風), 화(火), 습(濕), 조(燥), 한(寒)이 된다. 동아시아의학에서 기후를 표현할 때 사용하는 여섯 분류인 육기는 여기에 서(暑)를 추가한 것이다(여름 기운은 화와 서로 나누어지며, 서는 아주 더운 여름 기운을 말한다).

연결망을 흔드는 침

04

침 치료의 논리

여기서는 사시의 틀로 동아시아의학의 아날로지즘을 표현한 그림들을 살펴보며, 침을 통한 치가 어떤 논리로 이루어지는지 접근해보려고 한다. 다음 그림에서 점선은 몸의 내부와 외부를 표시하기 위한 것으로, 실선이 아닌 것은 몸 안팎에 관한 경계가 동아시아의학에서는 분명하지 않기 때문이다. 생장수장(生長收藏)이라는 근간의 이치는 몸 밖에서는 풍화조한(風火燥寒, 바람·열기·건조·한기)의 기운으로 나타난다. 그리고 몸 안에서는 여러 층위에 따라 변주된다.

그림에 표시되어 있지 않지만, 혈자리, 경락, 부(腑, 담·소장·대장·방광), 장(臟, 간·심·폐·신)이라는 각각의 층위에서 기가

	생(生)	장(長)	수(收)	장(藏)
기후	바람	열기	건조	한기
혈자리	혈자리(生)	혈자리(長)	혈자리(收)	혈자리(藏)
경락	경락(生)	경락(長)	경락(收)	경락(藏)
부(腑)	담	소장	대장	방광
장(臟)	간	심	폐	신

위 그림은 사시의 틀로, 동아시아의학의 아날로지즘을 표현한 것이다.

흐르고 있다. 혈자리의 층위에는 각각 생, 장, 수, 장의 기운이 강조된 혈자리가 있다. 경락, 부, 장도 마찬가지이다. 각 층위뿐만 아니라 다른 층위의 같은 사시 기운끼리도 흐름이 존재한다. 생(生)하는 기운인 혈자리와 경락, 담, 간이 같은 경향성을 공유하여 연결되어 있다. 수(收)하는 기운인 혈자리와 경락, 대장, 폐 역시 마찬가지이다. 이렇게 가로와 세로의 연결이 얽혀 "빽빽한 아날로지의 연결망"을 이룬다.

이처럼 양상을 공유하는 중층의 흐름을 알고 있으면, 그 관계성을 통해 흐름을 순조롭게 되돌릴 수 있다. 침을 통한 치는 이 아날로지즘의 특징을 충분히 활용해 목적의식적으로 그 연결망을 흔든다. 그 흐름에 고무적으로 영향을 주어 기운의 변화를 유도한다.* 아날로지즘의 연결망이 작동하는 원리를 바탕으로, 혈자리와 경락 층위의 기운들의 관계에 집중하는 것이다.

뇌수술 후 소변을 자주 본다는 환자의 경우를 살펴보며, 이러한 침 치료의 논리를 구체화해보자. 약해진 방광경을 돕기 위해 먼저 경맥 사이의 관계를 본다. 장(藏)하는 겨울 기운에 대해 수(收)하는 가을 기운이 부모의 역할을 하듯, 방광경맥의 장(藏)하는 기운을 북돋아줄 수 있는 대장경맥의 수(收)하는 기운에 힘을 보태주는 침 치료를 한다. 방광경맥 내에서도 혈자리들의 경향성을 살펴서 방광경의 장(藏)하는 기운을 북돋아줄 수 있는 수(收)하는 기운의 혈자리에 침을 놓는다.**

아날로지즘의 연결망이 작동하는 원리를 통해 다양한 방식으로 기운의 흐름을 도울 수 있다. 다양한 침법이 가능하다. 혈자리의 강조된 기운을 통해 흐름에 영향을 미치는 침 치료도 가능하다. 구체적으로, 감기 치료의 예를 들어볼 수 있다. 감기에 걸리면 처음엔 바람, 열기, 건조, 한기 중 한기가 돌출된다.

---

* 침법은 다양하게 존재한다. 앞에서 언급한 사암침뿐만 아니라 팔체질침, 백각침, 오행침 등의 침법도 있고, 통증 부위를 자극하여 통증을 완화시키는 침법도 있다. 서양의학이 몸과 존재를 이해하는 방식에 침 치료를 연결한 하이브리드한 침법도 존재한다. 서양의학의 생리학과 해부학에 근거한 침법을 말하기 위해서는 다른 설명법이 필요할 것이다. 이 책에서는 아날로지즘을 바탕으로 한 동아시아의 이해 위에서 침에 대해 논의한다.

** 실제 치료에서는 방광경을 북돋우는 기운을 위한 자침뿐만 아니라, 방광경을 제어하는 역할을 하는 경맥과 혈자리에 대한 자침도 병행되었다 (Kim, 2016). 아날로지즘에 바탕을 둔 침 치료의 논리를 말하는 이 장에서는 구체적인 치료의 실제는 일부 생략했음을 밝힌다.

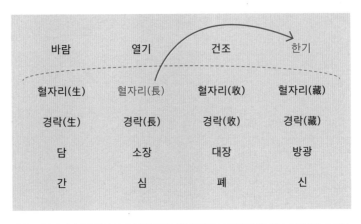

바람	열기	건조	한기
혈자리(生)	혈자리(長)	혈자리(收)	혈자리(藏)
경락(生)	경락(長)	경락(收)	경락(藏)
담	소장	대장	방광
간	심	폐	신

아날로지즘의 연결망을 통해 열기의 경향성을 가진 혈자리를 고양해서 한기를 누그러뜨릴 수 있다. 위 그림은 감기에 대한 침 치료를 단순화해서 표현한 것이다.

돌출된 한기에 의해 기가 제대로 흐르지 못한다. 이런 경우 몸의 열기를 고양해서 한기를 누그러뜨리는 행위도 가능하다. 열기의 성향을 가진 혈자리의 경향성을 강화해서 돌출된 한기를 상쇄시키는 것이다.

칠정과 마음병의 치

동아시아의학에서는 현상에 대한 읽기가 중요하다. 읽기를 통해 현상의 양상이 동아시아 아날로지즘의 연결망에 포착되면, 그 연결망을 흔드는 치의 길이 열린다. 그러한 읽기를 통해 마음의 문제도 침으로 치료할 수 있다. 우리의 감정 또한 아날로지즘의 연결망 속에 존재하며, 동아시아의 존재론이 전제하는 어떤 경향성의 원칙을 공유하고 있기 때문이다. 감정에도 양상이 있고 흐름이 있어서, 그 관계성을 알면 마음의 문제를 도와줄 수 있는 길이 열린다. 침을 통한 마음의 치가 주목받게 된 것은 최근의 일로, 현대 사회의 변화와 관련이 있다. 과거에 크게 부각되지 않았지만, 한국사회에서 마음의 병이 가시적으로 증가하면서 마음을 돕는 침법들이 새롭게 제안되고 있다.*

동아시아의학에서 마음의 양상은 일곱 가지로 분류된다. 통상 칠정(七情)이라고 한다. 희(喜), 노(怒), 우(憂), 사(思), 비(悲), 경(驚), 공(恐)이 그것이다. 각각 기뻐하고, 화내고, 걱정하고, 집착적으로 생각하고, 슬퍼하고, 놀라고, 무서워하는 마음의 모양새다. 일곱 가지로 분류되지만 이 또한 근간의 이치가 있고 그 원리에 따라 양상과 흐름이 발현된다. 칠정도 마음이라는 배경에서 드러나는 음양과 사시의 변주로 읽을 수 있다. 그 근간의 전제 위에서 생장수장, 풍화조한과 원칙적 경향성을 공유한다. 희는 활짝 펼치는 모양새다. 노는 상승하는 모양새, 우는 오므라드는 모양새이며, 비는 오므라들면서 가라앉는 모양새다. 사는 머물러 있고, 경은 흔들리고, 공은 내려가는 모양새를 보인다. 사실 이것은 어려운 것도, 도식적인 것도 아

---

* 전통의학으로 알려져 있는 동아시아의학은, 과거부터 지금까지 변화 없이 비슷한 의료 행위를 지속한다는 인상이 있다. 하지만 동아시아의학도 사회와 질병의 요구에 따라 변화한다. 동아시아의학의 변화에 관해서는 김종영(2019), 김태우(2018a), 박인효(2018), 이기복(2018), Hanson(2011), Hsu(2001), Kim(2016), Lei(2014), Scheid(2002) 참조.

니다. 화가 났을 때(怒) 얼굴이 벌겋게 되는 것은, 기혈이 상승하여 붉으락푸르락하게 되는 것이다. 겁에 질렸을 때(恐) 얼굴이 하얗게 되는 것은 기혈이 내려가서 창백해지는 것이다. 이러한 마음의 양상들을 통해 감정의 문제 또한 아날로지즘의 연결망 속에서 포착할 수 있으며, 그 연결망 속의 관계를 통해 동아시아의학 방식의 치도 가능해진다.

마음을 돕는 침 치료 사례로, 서울의 한 한의원에 안면근육 떨림을 호소하며 찾아온 60대 여성의 경우를 살펴보자. 본인의 의지와 상관없이 얼굴 살이 떨리는 것이 환자의 주 증상이었다. 진료가 여러 번 진행되면서 한의사와 환자 사이에 신뢰 관계가 형성되었고, 환자는 마음속 아픔을 털어놓기 시작했다. 도박 습관이 있던 남편은 가정경제를 돌보지 않고 도박에 매달려 결국 억대의 빚을 지게 되었다고 한다. 여기서 받은 심각한 스트레스가 자신의 근본 문제라고 환자는 토로했다. 이환자가 아픈 주된 원인은 끓어오르는 분노다. 하지만 그 화는 표출되지 못하고 갇혀 있다. 환자는 남편 문제에 대해서 다른사람들과는 이야기도 못 하는 성격이었다. 그러한 상황이 계속되다 보니 얼굴 근육의 경련으로 드러난 것이다. '분노에 몸을 부르르 떤다'라는 표현은 분노의 감정이 몸의 떨림과 연결된다는 것을 잘 나타낸다.

생장수장으로 말해보면, 속에서 끓어오르는 기운은 생(生)하는 기운의 양상을 가지고 있다. 혹 상승하는 모양새다. 이러한 현상을 읽어내면, 감정과 관련된 문제도 아날로지의 연

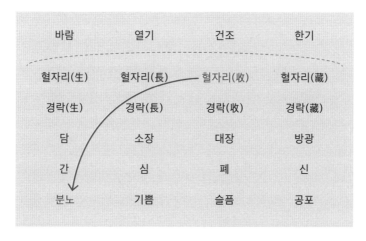

바람	열기	건조	한기
혈자리(生)	혈자리(長)	혈자리(收)	혈자리(藏)
경락(生)	경락(長)	경락(收)	경락(藏)
담	소장	대장	방광
간	심	폐	신
분노	기쁨	슬픔	공포

분노의 양상이 아날로지즘의 연결망에 포착되면, 치료는 그 기운을 상쇄시키는 방향으로 진행된다.

결망으로 접근할 수 있다. 아픔의 원인이 되는 기운의 양상을 통해 분노의 생(生)하는 양상이 포착되면, 치료는 그 기운을 상쇄시키는 방향으로 진행된다. 침을 통한 치는 수(收)하는 경향성을 가진 혈자리를 자극해, 분노의 기운이 꽉 차서 떨림으로까지 드러나는 경향을 약화시키는 방향으로 이루어졌다.

우울한 감정을 경험하는 환자들에게도 이 아날로지즘의 연결망을 통해 침을 사용할 수 있다. 늦가을에 마음이 멜랑콜리해지는 것은, 가을의 수(收)하는 기운이 마음속 슬픔, 즉 비(悲)하는 기운을 강화하기 때문이다. 계절의 기운이 마음에 영향을 주듯이, 혈자리의 생장수장 기운을 통해 마음에 영향을 줄 수 있다. 우울은 위축되는 방향성을 보일 때가 많다. 마음도 몸도 가라앉는다. 이 경우에는 펼치고 확장하는 기운인 장(長)

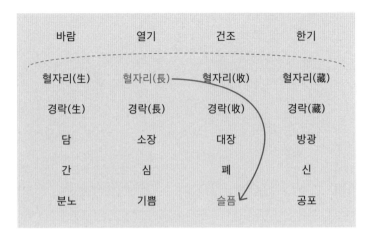

바람	열기	건조	한기
혈자리(生)	혈자리(長)	혈자리(收)	혈자리(藏)
경락(生)	경락(長)	경락(收)	경락(藏)
담	소장	대장	방광
간	심	폐	신
분노	기쁨	슬픔	공포

위 그림은 우울한 양상에 대한 침 치료의 가능한 예시를 표현한 것이다.*

하는 혈자리를 통해 우울한 마음을 변화시킬 수 있다.

동아시아의학의 아날로지즘에 바탕을 둔 침 치료를 표현
해보기 위해 몇 가지 그림을 제시해보았다. 이 그림들을 통해
침 치료를 이해하기 위해서는 내추럴리즘의 관점을 내려놓고
바라볼 필요가 있다. 이것은 동아시아 아날로지즘의 몸-존재
이해를 바탕으로 이루어진 치의 방식이다.** 각각의 존재론은

---

* 이 그림은 동아시아 아날로지즘에 바탕을 둔 마음병 치료를 단순화해서
표현한 것으로, 실제 침 치료는 이 그림같이 단순하지는 않다. 우울한 마
음에 고무적인 영향을 줄 수 있는 혈자리 중 어느 것을 택할 것인가, 또한
다른 기운을 가진 혈자리들과 어떻게 조합할 것인가 등 여러 가지 사항을
고려해야 한다. 그리고 환자의 지금 상태에 맞게 방향성을 잡아야 하는 문
제도 있다. 여기에 더해서 다양한 침법이 있기 때문에 각 침법에 따라 또
다양한 치료 방식이 가능하다.

각각의 치유 방식을 단련한다. 내추럴리즘은 몸의 정신적 측면 과 물질적 측면을 분리한다. 물질적 측면 내에서도 각각의 물질을 세분화한다. 이 구체적 분리 위에서 지금의 서양의학은 작동한다. 분리해서 바라보는 장점이 있을 것이다.

동아시아의학은 다른 방식으로 보려 한다. 아날로지즘의 연결망을 통해 물질과 정신, 몸과 마음을 분리하지 않는다. 연결해서 바라보는 동아시아의학의 장점이 또한 있을 것이다. 몸-존재를 달리 보기 때문에 동서의료의 작동 방식도 달라지고, 가능한 효능도 문제에 따라 차이를 보일 수 있다. 동아시아의학의 치는 중층의 관계성을 강조하면서, 그 연결망을 통해 흐름에 영향을 주는 방식으로 몸의 순조로움을 유지하고 회복하고자 한다.

동아시아의학에서는 침뿐만 아니라 약을 통해 몸을 도울 수 있다. 원리는 유사하다. 하지만 약을 통한 치에는 몸 바깥의 더 많은 존재들이 함께 한다. 황기, 계지, 복령, 길경, 하수오, 작약, 감초, 석고 등등이 이 존재들이다. 비록 침이라는 비인간 존재가 동참하지만, 약에 비해 침은 몸 자체의 잠재력에 보다 방점이 있다. 침에 비해 약은 적극적으로 몸 밖 존재들과의 관계를 시도한다. 그 관계를 통해 몸의 흐름을 도와주려 하는 것이 약을 통한 치라고 할 수 있다.

** 서양의학이 바탕을 둔 몸-존재 이해 위에서 침 치료를 설명할 수도 있다. 침과 관련된 많은 연구가 이러한 방향으로 진행되고 있다. 그 연구들의 설명 방식은 이 책의 논의와 차이가 있다. 존재론적 전제가 다르기 때문이다.

5장

약,
몸 밖 존재들이
함께 하다

두 사람, 두 처방

01

두 명의 불면 환자

2월 어느 날, 두 사람이 부산의 한 한의원을 찾았다. 한 시간여의 시차를 두고 찾아온 50대 여성과 20대 여성이었다. 서로 모르는 사이였지만 한의원에 온 이유는 같았다. 공히 불면을 호소하고 있었다. 진료 상담 중 관심이 갔던 것은, 두 사람이 한의사와 주고받는 대화가 전혀 달랐다는 점이다. 이야기 내용이 다르기도 했고, 이야기를 푸는 방식도 차이가 났다.

전업주부인 50대 여성은 환자용 의자에 자리 잡자마자 본인의 사연을 쉬지 않고 이야기해나갔다. 잠이 안 오기 시작한 것은 지난해 10월부터였다. 하락한 주식이 문제였다. 처음에는 주식이 올라 제법 재미를 봤다고 한다. 그런데 8월부터 떨어지기 시작한 주가가 회복의 기미가 없었다. 결정적으로 주식 투자를 남편이 모르고 있다는 사실이 불면에 영향을 미치고 있었다. 남편의 반대가 불을 보듯 뻔했기에, 몰래 주식을 샀다고 한다. 주식이 떨어졌다는 뉴스를 접할 때마다 "가슴이 철렁하다"고 했다. 환자는 심정이 느껴지도록 "철렁하다"를 모양새 있게 힘주어 표현했다.

상담 장면에서 조금은 놀라웠던 것은, 환자의 장황한 말을 끊지 않고 순순히 듣고 있는 한의사의 태도였다. 한의원에 환자가 적은 것도 아니었다. 대기실 의자가 거의 항상 차 있는 한의원이었다. 하지만 환자의 토로 섞인 이야기와 한의사의 방임은 계속되었다. "안 먹고 안 쓰고 모은 돈을…. 사람이 미치겠어요." 자책 사이사이에 남편을 언급하는 것도 환자는 잊지 않았다. "우리 남편은 일밖에 몰라요"라는 말에는 남편에 대한 미안함이 묻어 있었다. 그래서 '철렁하는 가슴'이 더 심할 것 같았다.

한의사가 먼저 물어보기도 전에, 환자는 올해 2월까지 약국과 병원을 전전했던 자신의 치료 경험과 증상들도 나열하고 있었다. 초진 상담 시간은 30분을 넘어가고 있었다.

작은 체격의 20대 여성은 어머니와 함께 내원했다. 앞의 50대 여성과는 다르게 한의사의 질문에 꼭 필요한 답만 하고 있었다.

한의사   어떤 일을 하시는가요?

환자 　·······.

어머니 　제 편의점 일을 도와주고 있어요.

어머니가 답답해하며, 대신 대답할 때도 있었다. 혹은 환자가 작은 목소리로 "예", "아니오"만 말할 때도 있었다. 환자는 24시간 편의점을 어머니, 남동생과 함께 운영하고 있었다. "생활이 불규칙해서 그런지 통 잠을 못 자요." 어머니의 원인 분석도 첨언되었지만, 기본적으로 상담은 단속적인 침묵 속에서 진행되었다.

편의점 일이 많이 힘들다고 했다. 편의점에 나갈 때는 "전쟁터에 나가는 느낌"이라고, 환자를 대신해서 어머니가 표현한다. 편의점은 "거친 동네"에 위치해 있고, 환자는 일할 때 "항상 긴장 상태"로 있다고 했다. 어머니도 힘들어서 그만두고 싶지만 본점과의 계약 조건 때문에, 지금 그만두면 손해가 너무 크다고 한다. 밤에는 편의점에서 일하고 새벽에 불면을 경험하면서, 환자는 마른 체격에 살이 더 빠졌다. 체중이 몇 킬로그램 나가냐는 한의사의 질문에 "40쯤···"이라는 단답이 돌아온다. 야간 근무를 마치고 잠자리에 들면, 피곤한데 잠이 오지 않는다고 했다.

첫 번째 상담과는 달리, 두 번째 상담은 비교적 빨리 마무리되었다.

한의원 진료 시간이 끝난 뒤, 한의사와 물어보고 답을 듣는 시간을 가지며 두 불면의 경우에 대해 더 자세히 알 수 있었다. 첫 번째 환자의 경우, 주식 투자 실패에 생각이 집착되어 있어서 순조로운 흐름이 방해받고 있었다. 기가 모여서 정체되고 잘 흐르지 않는 것이다. 그리고 정체는 생각이 많은 머리 쪽의 현상이다. 양상이 있는 흐름의 관점에서는 생장수장이 때에 맞게 변화해야 한다. 푹 자기 위해서는 낮의 활동적 기운을 밤에는 거두고[收] 저장하는[藏] 양상의 흐름이 순조로워야 한다. 그런데 집착된 생각 때문에 상부의 기가 수렴되지 않는 것이다. 몸의 기가 하루 종일 피어나고[生] 펼치는[長] 활동 상태로 있으니, 잠이 잘 올 수가 없다.

두 번째 환자의 경우는 상황이 다르다. 이 환자는 기력이 많이 부족한 상태다. 생장수장을 때에 맞게 거치기 위해서는 몸 자체의 생명력이 필요하다. 휴식을 위해 기를 거두고[收] 저장하는[藏] 것 자체에도 힘이 필요하다. 이 환자는, 그럴 수 있는 기운이 딸릴 정도로 약해져 불면으로 이어지고 있었다. 허약해진 노인들이 잠을 잘 못 자는 것이 이런 경우라고 한의사는 덧붙였다. 첫 번째 환자의 경우는 잠은 자지 못하지만 힘은 있는 상태라서 두 번째와 차이가 있다.

상담 시간이 차이 나는 기저의 이유도 있었다. 한의사는 첫 번째 환자의 경우에는 토로(吐露), 즉 맺혀 있는 것[露]의 발산(疝)이 필요하다고 봤다. 기다리는 다른 환자들도 있었지만, 맺힌 것을 풀어놓는 시간이, 특히 의사 앞에서 호소할 수 있는 기회가 치유와 연결된다고 했다. 두 번째 경우는 이와는 다른 상황이었다. 환자가 말을 아끼는 사람이기도 했지만, 에너지 소모를 줄이고 힘을 보태줄 필요가 있었다. 상담 시간이 길어질 이유가 없었다.

상담 시간의 차이는 진단과도 관련이 있었다. 첫 번째 환자가 자신의 가정사 문제, 주가의 등락, 다녀온 병의원들에 대한 이야기를 비교적 긴 시간 동안 풀어놓는 것을 찬찬히 지켜보면서, 한의사는 환자의 이야기뿐만 아니라 몸 상태를 접수하고 있었다. 한의사와 질의응답을 나누면서, "어머니는 아주 건강한 분"이라고 상담이 끝날 무렵 한의사가 환자에게 던지듯이 한 말이 기억이 났다. 환자는 감정의 모양새를 내어가며 자신의 심정을 제법 긴 시간 동안 말할 만한 힘이 있는 사람이었다. 한의사의 설명을 듣자, 힘이 넘치던 환자 목소리가 새삼 상기되었다. 장기간의 불면 경험과는 상관없을 것 같은 목소리였다. 두 번째 환자의 작은 목소리와 대비가 되면서 한의사가 전하는 두 사람의 차이가 분명하게 인지되었다.

두 경우에서 또한 인상적이었던 점은, 전혀 다른 약이 두 사람에게 처방되었다는 것이다. 처방을 이루는 약재들의 구성에 확연한 차이가 있었다. 불면의 이유와 원인이 다르기 때문에 처방이 다른 것은 어쩌면 당연한 일이었다. 첫 번째 환자에게는 맺힌 것을 풀어주고 상부의 기운을 내려주는 (반하, 향부자,

진피 같은) 약재가 사용된다고 했다. 반면 두 번째 환자에게는
부드럽게* 기운을 도와줄 수 있는 (사삼, 맥문동, 당귀 같은) 약재
가 주를 이루는 처방이 내려졌다.

---

* "부드럽게"라는 말에 대해서는, 동아시아의학에서 약을 쓰는 방식과 관련
해 조금은 구체적인 설명이 필요하다. 이 장 후반부에서 본초(약재)를 살
펴보며 여기서 "부드럽게"를 사용한 이유를 밝히고자 한다.

제약과 처방

02

약을 어떻게 만드는가

병원에서도 약을 다르게 처방하는 경우가 있다. 예를 들어, 환자의 진단 수치가 변하면 그에 맞게 약이 바뀐다. 수치가 올라가면 용량을 달리하거나 더 확실하게 수치를 낮출 수 있는 다른 기전의 약으로 바꾸어 처방한다. 처방의 변화가 가시적으로 드러나는 것은 환자가 부작용을 경험할 때다. 진료실에서 의사가 먼저 약 이야기를 꺼내는 것이 통상적이지만, 환자가 특정 약을 복용하면서 그냥 지나치기 어려울 정도로 예상치 못한 몸의 변화를 경험할 때에는 상황이 다르다. 환자가 약을 바꿔달라고 직접적으로 요구하기도 한다. 이처럼 서양의학에서도 의사와 환자의 상호작용을 통해 약이 달라질 수 있지만, 한의학의 경우와는 거리가 있다. 병원에서는 이미 만들어진 약을 사용한다. 제약회사에서 생산한 약품 리스트에서 약을 선택해야 하기에 처방을 달리할 수 있는 범위가 정해져 있다.

서양의학에서 약을 선택하는 방식과 동아시아의학에서 약을 선택하는 방식에는 분명한 차이가 있다. 이것은 약품을 대량 생산하는 서양의학의 제약(pharmaceuticals)과 진단 이후에 개별적으로 약을 준비하는 동아시아의학 처방(處方)의 차이이다.* 동아시아에서는 환자의 상황에 따라 약재 조합이 달라지는 처방이 주된 방식이다. 동아시아의학의 이름 있는 처방, 즉 명방(名方) 중 하나인 보중익기탕(補中益氣湯)을 예로 들어보자. 이는 황기·인삼·백출·감초·당귀·진피·승마·시호를 조합한 처방이다. 물론 이 조합은 아무렇게나 만들어진 것이 아니다. 처방을 구성하는 원칙은 동아시아의학의 중요한 주제이며, 각각의 약재는 치료 목적에 따라 경중을 두어 배치된다. 보중익기탕의 경우에는 황기가 중심이 되는 약재로, 인삼·백출·감초가 그다음의 중심적 약재로 이루어져 있다. 이어서, 돕는 약재인 당귀·진피와 보조하는 약재인 승마·시호가 있다.** 서양

---

* 병원에서도 처방이라는 말을 사용하지만, 이 책에서는 서양의학의 약은 '제약'으로, 동아시아의학의 약은 '처방'으로 구분해 말하고자 한다. 제약회사에서 생산하는 약과 개별 한의사가 구성하는 약재 조합의 차이를 통해 서양의학과 동아시아의학의 의료 실천에 내재한 사유를 드러내고자 한다.

** 동아시아의학에서는 군(君), 신(臣), 좌(佐), 사(使)라는 직책의 이름으로 약재의 경중과 역할을 체계화하고 있다. 보중익기탕에서는 황기가 군, 인삼·백출·감초가 신, 당귀·진피가 좌, 승마·시호가 사라고 할 수 있다.

의학이 약을 이해하는 방식은 서양의학이 몸을 이해하는 방식과 연결되어 있으며, 이는 대량 생산하는 제약에 용이하다. 화학식으로 표시될 수 있는 약품의 '고정성'은 표준화를 통한 대량 생산의 중요한 바탕이 된다. 상황에 따라 약재를 조합해 처방을 내리는 동아시아의학은 유동성과 변화 가능성을 강조한다.***

이처럼 서양의학의 제약 방식과 동아시아의학의 처방 방식의 차이는 결코 작지 않다. 이를 통해 읽을 수 있는 동아시아의학과 서양의학의 차이, 그리고 기저에 놓여 있는 인식론과 존재론의 차이 또한 결코 작지 않다. 먼저, 순서가 다르다. 제약에서 대량 생산을 한다는 것은 미리 약을 만들어놓는다는 것이다. 그 후에 이미 존재하는 약으로 환자를 치료한다는 것이다. 하지만 동아시아에서는 약을 미리 정해놓지 않는다. 그리하여 약재는 한의원의 약장에 따로따로 담겨 있다. 처방의 형태로, 예를 들면 황기·인삼·백출·감초·당귀·진피·승마·시호의 조합인 보중익기탕으로 보관되어 있지 않다. 환자가 진료실에 들어온 이후에 환자와의 상호작용을 통해 처방을 정해간다. 앞에서 살펴보았듯이, 공히 불면을 호소하고 있지만 전혀 다른 약이 처방될 수 있다. 진료 상담 과정에서 드러나는, 불면을 야기하는 상황과 생리적 원인이 다르기 때문이다.

*** 처방이 대량 생산되는 경우도 있지만 동아시아 원래의 방식과는 거리가 있다. 제약의 대량 생산과 처방의 대량 생산이 동일한 것도 아니다. 제약 생산 공장이 거대한 실험실이라면, 처방 생산 공장은 거대한 약탕기이다.

약을 먼저 만들어놓고 환자를 대하는 것과, 환자를 대하고 약을 만드는 것은 차이가 크다. 이는 기준이 다르다는 것을 의미한다. 대량 생산한 약이 먼저 존재하면 약이 기준이 된다. 그 기준에 사람을 맞춘다. 반면, 처방에서는 사람이 기준이다. 그 기준에 약을 맞춘다(김태우, 2014a). 그러므로 동아시아의학에서 '불면에 ○○탕'이라고 미리 정해놓는 것은 처방의 논리와 배치된다.

또한 제약과 처방은 관계하는 이들의 수와 그 관계 정도가 다르다. 처방의 경우에는 의사와 환자가 주된 행위자이다. 하지만 제약에서는 의사와 환자 외에 숨은 행위자들의 존재감이 강력하다. 대표적으로 제약회사가 있다. 제약회사는 또한 단일한 행위자가 아니다. 연구개발자, 마케팅 전문가, 그리고 임상시험을 하는 사람, 제약회사에 주식을 투자한 사람 등이 연결망을 이룬 행위자군(群)이다. 이들 행위자군이 모여, 의사와 환자 사이에 강력한 제3자로 개입한다.* 여기에 당뇨약 투약을 지시하는 혈당 수치 측정기처럼, 특정 약의 필요성을 명시하는 진단기기까지 연결되면, 의사와 환자 사이에 존재하는

---

* 제약에 관한 인류학 연구가 최근 많은 관심 속에서 진행되고 있다. 의사와 환자 사이에 늘어나는 행위자들과 그 행렬이 의료 행위와 그에 연결된 정치, 윤리에 미치는 힘에 관한 것이 이들 연구의 주요 주제를 구성한다(Dumit, 2012; Lakoff, 2005; Patryna, 2008; Sunder Rajan, 2006, 2017). 제약회사의 행위자군의 연결망에 의해 하나의 약이 만들어지고 사회적으로 인정받고 유통되는 과정에 대한 역사 연구에 관해서는 그린(2019) 참조.

행위자군의 리스트는 확 늘어난다. 진단기기 연구개발자, 진단기기 마케팅 전문가, 그 회사 투자자가 또 연결되기 때문이다. 그러므로 동아시아의학과 서양의학의 차이는 의사와 환자 사이에 존재하는 행위자들의 행렬과 그들의 존재감으로 표현할 수 있다. 동아시아의학에도 의사와 환자 사이에 약재를 재배하거나 채집하는 생산자, 약재를 유통하는 약업사가 있지만, 그 행위자들의 리스트가 소략하며, 또한 그 영향력이 제약회사만큼 강력하지 않다.

가감의 처방

계지탕, 보중익기탕, 오가피장척탕** 등 역대의 내로라하는 처방들이 동아시아의학사에 즐비하지만, 이러한 처방들은 특정한 상황에 응대하는 예시로서 제시된다. 지금의 치료를 위해 의서에서 적절한 처방을 찾았다고 하더라도, 환자의 상황에 꼭 맞는 처방을 위해서 가감(加減)이라는 의료 실천이 요구된다. 가감은 기존 처방에서 약재를 더하거나 빼서 처방을 조율하는 동아시아의학의 방법론이다. 이는 처방의 '비고정성'을 훌륭하게 표현한다.

**　　계지탕은 2~3세기 중국 한대 장중경의 처방, 보중익기탕은 11~12세기 금원 시기 이동원의 처방, 오가피장척탕은 19세기 조선말 이제마의 처방이다.

조선시대 의료 기록의 보고(寶庫)인『승정원일기』*를 살펴보면, 의서의 기존 처방을 그대로 사용하는 경우는 오히려 드물다. 가감을 하여 처방하는 경우가 대부분이다. 예를 들어 인조 24년(1646년) 9월 25일 기사를 보면, 보중익기탕 본방에 "생강즙으로 볶은 황련 7푼, 백지, 천궁, 지실, 산사육, 껍질째 볶은 산치자 각 5푼, 꿀물로 볶은 황백 2푼"을 더한 처방이 나온다. 이렇게 변화된 보중익기탕은 결국, 황기·인삼·백출·감초·당귀·진피·승마·시호의 기존 조합에 황련·백지·천궁·지실·산사육·치자·황백을 더한 처방으로 구성된다. 이와 같이 보중익기탕은 확정된 경계선을 가진 고정물이 아니다. 경우에 따라 다양하게 변화 가능하다. 이는 무엇보다도 환자의 지금 상태가 다양하게 드러나고, 그 상태도 변화하기 때문이다. 그 상황상황에 맞추기 위해서 가감을 통한 변방, 즉 처방에 변화를 주는 것은 처방 실천의 중요한 부분이 된다.

가감에 그치지 않고 처방을 직접 구성하기도 한다.** 조선말을 대표하는 의학자 중 한 사람인 이규준은 "병아자명방아출"(病我自明方我出)이라고 하면서, 작방의 필요성을 주장한다.*** 이는 (지금 진단하는 환자의) 병이 (지금 진단하는) 나에게 명

---

* 『승정원일기』에는 조선시대 왕의 일거수일투족이 기록되어 있다. 그중에는 왕과 그 가족들에 대한 의료 기록도 상당하여 지난 시기 동아시아의학에 대한 귀한 자료를 제공한다.
** 창방이라고 하기도 하고, 작방이라고 하기도 한다. 환자의 상태에 적합한 처방을 제공하기 위해 처방을 새롭게 고안하는 행위를 의미한다.
*** 유학자이면서 의학자인 석곡 이규준은『내경-소문』에 대한 주석서『소문

확하니 처방도 (당연히) 나로부터 나와야 한다는 뜻이다. 과거의 어느 명의보다도 직접 환자를 보는 '나'(의사)가 환자의 지금 상태를 잘 알 수 있으니 처방도 '나'가 구성해야 한다는 것을 강조하고 있다. 이와 같이, 가감과 작방을 아우르는 처방에서 동아시아의학이 강조하는 것은 각 상황에 맞는 최적의 약재 구성이다.

이러한 사례로 2장의 메니에르 환자의 경우를 살펴보자. 어지럼증과는 거리가 멀 것 같은 건장한 30대 남성은, 낮에 활발하게 활동하고 밤에 고요하게 쉬지 못하는 생활, 즉 순조로운 흐름이 깨져 있는 생활을 하고 있었다. 한의사는 작방을 통해 다음과 같은 약재로 환자의 처방을 직접 만들었다.

하수오·구기자, 복령·육계, 인삼·백출·진피·부자·우슬, 강황·감초. 처방에 존재하는 체계를 나타내기 위해 넷으로 분류해 나열해보았다. 하수오·구기자가 중심적 역할을 하는 약재를, 복령·육계가 다음으로 중요한 역할을 하는 약재를 구성한다. 인삼·백출·진피·부자·우슬이 도와주는 역할을, 강황·감초는 보조하는 역할을 하는 약재들이다.

한의사는 환자에게 진단 내용과 처방을 설명하면서, "뿌리가 흔들리면, 살짝만 흔들려도 위에서는 많이 흔들린다"라

대요』, 『동의보감』을 바탕으로 한 처방서 『의감중마』를 저술하였다. "병아자명방아줄"은 이규준이 『의감중마』 마지막 부분에 첨부한 글에 나오는 표현이다. 칠언절구의 형식으로 동아시아의학을 행하기 위한 요체를 말하고 있다.

고 표현했다. 동아시아의학에서는 뿌리로 곧잘 신(腎)을 표현한다. 여기서 신은 해부학적 신장이 아니다. 그것은 굳게 하는 방향성이 있고, 사시(四時)의 생장수장 중 장(藏)에 해당하는 기운의 양상을 가진, 우리 몸속 기운에 관한 표현이다. 오장(五臟, 간·심·비·폐·신) 중에는 신이 그런 기운의 양상을 가지는 장부이기 때문에 곧잘 신으로 표현한다. 이 처방은 뿌리 역할을 하는 신 기운을 북돋울 수 있는 약재가 중심을 이루고, 뿌리와 머리 상부 사이를 잘 연결할 수 있는 약재들로 구성되어 있다. 뿌리가 약해진 이유가 기혈이 잘 통하지 않기 때문이기도 하고, 그로 인해 흔들리기도 하기 때문이다. 도와주고 보조하는 약재들은 그러한 처방의 방향성을 확실하게 부연한다(김태우, 2020).

이들 약재 구성은 기존 의학서적에서 찾아볼 수 있는 처방이 아니다. 어지럼증을 앓고 있는, 즉 병원에서 '메니에르'라고 명명한 병을 앓고 있는 30대 남성을 위한 처방이다. 그것도 바로 지금의 그 환자를 위한 처방이다. 시간이 지나고 환자의 상태가 변하면 처방도 그에 맞게 변화해야 할 것이다.

유동하는 세계, 하나가 아닌 자연

가감과 작방의 방식에서 이해되지 않는 부분이 있을 수 있다. 분명해야 할 치료법이 확정되지 않고 왔다 갔다 할 수 있는가? 상황에 따라 치료법이 다를 수 있는가? 이런 의문이 들 수 있다. 특히, 서양의학이 바탕으로 하는 지시(指示)의 관점에서는 이러한 의구심은 당연할 것이다.

앞에서 논의한 것처럼, 지시는 고정된 대상을 전제한다. 그래야만 확실하게 가리켜 보일 수 있다. 서양의학의 진단은 질병독립체를 확인하려 한다. 확인해야 할 질병독립체는 이미 고정된 형태로 정해져 있다. 글루코스, 콜레스테롤, 아밀로이드-베타, 암세포, 추간판, 인플루엔자, 염증, DNA, 세로토닌…. 이들 이름은 지시와 확인을 기다리며 환자 몸속에 수동적으로 존재하는 대상들이다.

진단의 질병독립체와 제약의 성분은 불가분의 관계가 있다. 몸의 안과 밖이라는 위치의 차이는 있지만, 고정된 지시의 대상이라는 점에서는 차이가 없다. 질병독립체와 성분은 지시하는 자와 지시받는 대상의 구도 속에서 존재한다. 데스콜라의 분류로 하면, 이것은 내추럴리즘의 구도다. 지시 대상으로 이루어진 세계가, 내추럴리즘이 전제하는 물질이고 자연이다. 내추럴리즘에서 지시받는 것들의 범위는 인간의 몸을 포함한다(Descola, 2013). 지시하는 정신/의식(주체)과 그 나머지 대상의 세계로 나누어져 있는 내추럴리즘의 구도에서, 몸은 대상 쪽에 속해 있다. 대상을 찾고 확인하고 지시하는 정신의 능동성에 비해, 몸은 수동적이다. 데카르트의 시대부터 정신으로부터 분리되어, 대상, 물질, 자연의 영토에 편입된 몸은 계속해서 거기에 남아 있다. 고정된 지시 대상을 통해 작동하는 근현대 서양의학에 의해, 이젠 그 땅의 확실한 정주자가 되어 있다. 고정성을 통해 지시받는 몸은 확실한 대상이 되고, 이를 통해 지시하는 자도 확실한 주체가 된다. 이러한 관점에서 가감과 작방을 바라보면 이해가 가지 않을 수 있다.

하지만 몸과 자연을 이해하는 방식에는 내추럴리즘만 있는 것이 아니다. 세계의 존재들, 즉 세계의 대상들이 고정되어 있지 않다면, 그 대상들이 구성하는 세계는 다른 세계가 될 것이다. 그 존재들의 세계는 출렁일 것이다. 이 유동의 세계가 무엇인지, 어떻게 그 세계를 알고(의학적으로는, 진단하고), 문제에 대처할(치료할) 것인가라는 질문을 위해서는 전혀 다른 논의가 필요할 것이다. 동아시아의학의 처방은 이 유동하는 흐름의 세계에 관한 것이다. 내추럴리즘과 다른 존재 이해 위에서의 의료 행위이다. 내추럴리즘에 바탕을 둔 서양의학이 지시 대상으로 구성된 고정성의 자연을 말한다면, 동아시아의학이 강조하는 흐름의 세계는 다른 자연을 예시한다. 단 하나의 자연이라는 신화를 벗어나면 동아시아의 처방이 다른 '자연' 위에서 전개되는 의료 행위에 대한 논의임을 받아들일 수 있게 된다.*

---

* 최근 인류학의 '존재론적 전회' 논의는 다자연주의(multinaturalism)라는 개념을 통해, 내추럴리즘이 바라보는 하나의 자연 개념을 넘어 다른 목소리들을 들려주고 있다. 다양한 지역, 다양한 사람들의 사유와 행위를 연구하는 인류학에서 다자연주의와 같은 개념이 등장하는 것은 당연한 일일 것이다. 모든 사유가 서구 내추럴리즘과 같은 자연 개념을 가지지는 않았을 것이다. 최소한, 한 목소리로, 강력한 인식 주체와 수동적 지시 대상들의 세계를 상정하지는 않았을 것이다. 늦은 감이 있을 정도로, 최근 인류학에서 '다자연주의'는 자연스러운 개념이다. 다자연주의는 브라질의 인류학자 에두아르두 비베이루스 지 까스뜨루(Eduardo Viveiros de Castro)

3장 서두에서 이야기한 것처럼, 동아시아의 자연(自然)에는 사람도 포함된다. 인위/자연의 분절이 없다면, 그러한 자연의 포괄성은 당연할 것이다. 인간 존재도(여기선 정신/몸의 분절도 없다), 비인간 존재도, 물질들도, 포괄적인 자연 속에서 함께 유동하며 서로 연결되어 있다.

흐름을 강조하는 동아시아의학에서는 그 흐름을 제대로 읽어야 한다. 흐름의 양상은 다양하게 드러나기 때문에 처방도 다양하지 않을 수 없다. 가감 혹은 작방을 하지 않을 수 없다. 개개의 사람들은 각자의 성향이 다르며, 또한 질병을 앓고 있는 상황이 다르다. 두통이 스트레스 때문일 수도 있고, 식적에 기인할 수도 있으며, 기력을 너무 많이 써서 나타날 수도 있다. '칠정' 개념이 의미하듯이, 스트레스의 양상도 다양하다. 그에 맞는 두통약을, 환자의 체질까지 고려해 처방하기 위해서는 다양성과 유연성은 필수다. 같은 불면을 경험하고 있지만, 앉자마자 힘 있는 목소리로 자신의 사연을 쭉 나열하는 50대 여성과 묻는 말에 최소한의 대답을 하는 20대 여성의 몸의 상태는 다르다. 하락하는 주가와 편의점 작업 환경이라는 사회적 조건 또한 다르다. 이러한 다층위의 조건에서 환자의 상황을 읽고

에 의해 주창되었다(비베이루스 지 까스뜨루, 2018). 그는 남아메리카, 특히 아마존 지역을 연구해 내추럴리즘과 차별화되는 자연 개념, 하나가 아닌 자연 개념을 예시하고 있다. 처방, 가감, 작방과 같은 의료 행위에 내재해 있는, 몸과 자연에 대한 이해는 다자연주의 논의를 심화할 수 있는 동아시아의 예시이다.

그에 맞게 처방을 내려야 한다. 그 상황 역시 시간이 지나면 변화한다.

서양의학에서는 내추럴리즘에 바탕을 둔 몸에 대한 이해, 진단, 제약이 하나로 꿰어 있다. 약을 대량 생산하는 서양의학의 방식은 이와 철저하게 연결되어 있다. 흐름을 강조하고 각 환자의 상황을 충분히 접수하며 그 상황에 맞게 처방하는 동아시아의학의 방식은 동아시아가 몸과 자연을 이해하는 방식과 결속되어 있다. 동아시아의 몸, 진단, 처방은 하나로 꿰어 있다. 마찬가지로, 서양의학에서는 질병을 정의하고 치료를 규정하는 자, 즉 지시하는 자가 강력하기 때문에, 또한 지시 대상은 이미 정해져 있기 때문에 약을 미리 만들어놓을 수 있다. 반면, 포괄적 자연 속에서 유동하는 존재들을 적극적으로 받아들이려 하는 동아시아의학에서는 처방을 미리 만들어놓기가 쉽지 않다. 동아시아의 몸과 자연 이해가 내추럴리즘과 어떻게 차이가 나는지는 약재로 쓰이는 '본초'에 대한 입장을 살펴보면 더 분명히 드러난다.

성분과 약성

03

약에 대한 지식

치료를 위해 세계로부터 도움을 구할 때, 인간들은 인간 아닌 존재들과 만나왔다. 인간들이 비인간을 통해 의료적인 도움을 얻는 방식은 다양하여, 각 문화의 의료는 그 문화가 인간 아닌 존재들에 대해 견지하는 관점, 그리고 인간과 비인간 사이의 관계를 들여다볼 수 있게 한다. 특히, 약을 통한 치료는 각각의 문화에서 존재를 어떻게 이해하는지에 대해 고찰할 수 있는 고무적인 창을 제공한다.

　예를 들면, 인간은 치료를 위해 인삼, 노니, 그리고 스타틴(콜레스테롤 약)의 도움을 받아왔다. 인삼, 노니, 스타틴에는 각각 동아시아, 하와이, 서구에서 인간이 비인간과 맺어온 관계의 역사가 내재해 있다. 약을 통해 도움을 받기 위해서는 약으로 쓰이는 존재들에 대해 잘 알아야 한다. 실험과 분석의 대상인 스타틴뿐만 아니라, 인삼과 노니에도 인간 아닌 존재에 대한 지식이 스며 있다. 그러므로 약에 대한 의학의 지식은, 그 의료가 속해 있는 문화에서 존재를 어떻게 이해하느냐에 관한 것이기도 하다(김태우, 2020).

그렇다면 동아시아에서는 어떻게 약에 대한 지식을 쌓아갔는가? 동아시아의학에서는 본초(本草)라는 주제로 이 인간 외 존재에 대한 지식을 체계화해왔다. 본초는 효과가 두드러지는, 약으로 쓸 수 있는 존재들의 무리이다. 그 이름에서 드러나듯 식물[草]이 대부분을 차지한다. 본초 지식의 체계를 쌓아간 방식을 살펴보면, 동아시아에서 몸 밖의 타자를 이해하는 방식을 엿볼 수 있다.

약재의 성분 분석은 원래 동아시아의 방식이 아니다. 화학 기호와 실험실이라는 지식 구축의 체계가 수입된 근대 이후의 일이다. 성분이라는 말도 없었다. 성분에 대해서 몰랐다기보다는, (앞으로 더 분명해지겠지만) 성분을 통한 이해는 동아시아의 존재 이해 방식과 거리가 있다고 말해야 할 것이다. 성분을 분석해서 아는 것이 약재 식물에 대해 아는 유일한 방식이 아니며, 동아시아에서는 동아시아 존재론에 바탕한 다른 이해를 추구했다.

본초와 약성

동아시아 본초에 대한 논의에는 약성(藥性)이라는 지식의 체계가 있다. 약성은 말 그대로 약의 성미에 관한 지식이다. 예를 들면, 인삼의 약성은 『만병회춘』이라는 의서에서 다음과 같이 표현된다.*

> 인삼미감(人蔘味甘, 인삼은 맛이 달다)
>
> 대보원기(大補元氣, 크게 원기를 보한다)
>
> 지갈생진(止渴生津, 갈증을 그치게 하고 진액을 생기게 한다)
>
> 조영양위(調榮養衛, 영기를 조율하고 위기를 북돋운다)

본초의 분류에서 인삼은 보약(補藥)에 속한다. '보약'은 한약의 대명사처럼 알려져 있지만, 사실 보약은 약의 종류 중 하나다. 약은 각 약성의 방향성에 따라 보(補)약, 통(通)약, 사(瀉)약, 수(收)약 등으로 구분할 수 있다. 각각 보하고, 통하게 하고, 흩어지게 하고, 수렴하는 성미를 가지고 있다는 의미이다. 보약은 이들 성미 중, 도와주고 보충해주는 성미가 두드러지는 본초들의 무리를 뜻한다. 보약도 다양하게 존재하여, 그 약들에 따라 각각의 방향성이 존재한다. 인삼, 사삼, 황기, 산약, 하

---

* 총 열여섯 자를 통해 각각 약의 성정을 표현하고 있으며, 기억하기 용이하게 노래를 붙일 수 있도록 네 글자 네 구의 형식으로 되어 있다. 이러한 일정한 형식에 맞춘 짧은 문장들을 약성가(藥性歌)라고 한다.

수오, 감초, 당귀, 용안육, 맥문동, 지황, 녹용 등의 보약은 다 같이 보를 하지만 각각의 방향성이 다르다. 병의 원인과 상태가 다 다르므로, 환자에 따라 다른 보의 방식이 필요하기 때문이다. 인삼으로 원기를 크게 도와야 할 경우도, 당귀로 혈을 도와야 할 경우도, 황기로 기를 모으면서 보를 해야 할 경우도 있다. 다양한 방향성을 알아, 각각의 상황에 맞게 약을 쓸 수 있도록 되어 있는 것이 본초의 체계다. 보의 강도도 본초에 따라 차이가 있다. 인삼, 녹용같이 먹으면 바로 표가 날 정도로 보하는 힘이 가시적인 보약도 있고, 보를 하는 듯 마는 듯하는 감초 같은 보약도 있다.

환자의 상황이 다 다르기 때문에 보하는 약도 다양하게 필요하다. 이 장 서두의 두 번째 불면의 경우에서 '부드럽게' 도와주는 보약을 사용하는 것도 이 때문이다. 보가 필요한 경우이지만, 그 환자는 불면을 경험하고 있다. 기운이 약해져 있으면서, 또한 잠 못 드는 예민함이 있는 상황이다. 여기에 힘이 너무 강한 보약을 사용하면, 고요하게 잠드는 것을 방해할 수 있다. 이 상황에는 '부드럽게' 보하는 약이 필요하다. 약의 방향성과 강도는 다양하다. 통하게 하고, 흩어지게 하고, 수렴하는 약들도 본초마다 그 방식이 다르며, 세기도 다르다. 그 차이들을 알아서 정밀하게 약을 쓰는 것이 동아시아의학의 용약법이다.

본초는 식물과 같은 타자에 대한 앎이긴 하지만, 약재에 대한 지식만으로 구성된 것은 아니다. 본초에는 그것을 통해 도움받는 사람에 대한 앎도 포함되어 있다. 그리하여 약을 통한 치는 사람과 타자의 관계에 대한 지식과 의료 실천이라고 할 수 있다. 각각의 약재를 사람의 상황에 따라 달리 사용한다는 것은, 그 식물과 사람의 관계에 대해 안다는 것과 같은 의미다. 예를 들면, 인삼과 힘이 없는 불면 환자의 관계를 살펴보고 약을 쓴다는 것이다. 또한 동아시아에서 약을 쓰는 방식은 시간의 조건 위에 있다. 앞의 두 번째 불면 환자가 어느 정도 기력을 회복하고 예민함이 줄어들면, 다음 처방에서는 인삼과 같이 강도가 센 보약을 보다 적극적으로 고려해볼 수 있다. 이와 같이 본초에 대한 이해는 본초식물과 사람 사이의 관계를 주시해야 한다.

인삼을 안다는 것

본초식물에 대한 이러한 이해 방식은 성분을 분석하는 방식과 차이가 있다. 성분에 대한 논의를 살펴보면, 그 차이가 드러난다. 예를 들어, 인삼의 성분은 다음과 같이 표현된다(전국한의과대학 공통교재편찬위원회, 2016: 574).

인삼 진세노사이드(ginsenoside)가 약 5.22% 함유되어 있다.
인삼 진세노사이드는 13종 이상의 사포닌(saponin) 혼합물이며, 그 가운데에서 진세노사이드는 Rb1, Rc 및 Rg1의 함유량

이 비교적 높다. 사포닌이 함유된 제닌(genin)은 프로토파나자디올(protopanazadiol), 프로토파나자트리올(protopanaxatriol), 올리놀산(oleanol acid)의 3종이 있다. 또한 정유가 약 0.05% 함유되어 있는데 여기에는 독특한 향기의 근원이 되는 베타-엘리먼(β-elemen)과 쉽게 수지로 변하는 파낙시놀(panaxynol)이 함유되어 있다.

성분과 약성, 두 앎의 방식은 타자라는 존재 이해에서 차이를 보인다. 사포닌은 인삼을 대표하는 성분이다. "사포닌 200mg 6년근 홍삼만으로 만든 ○○○"이라는 광고에서 볼 수 있듯이 인삼(홍삼)은 곧잘 사포닌으로 환원된다. 사포닌은 인삼 속에 있는 물질이다. 하지만 약성을 살펴보면, 동아시아 전통에서는 본초 속의 물질에는 관심이 없었다는 것을 알 수 있다. 약성에서 중요한 것은 관계이다. 인간이라는 존재가 인삼을 접해 보니 '미감'이 드러난다. "크게 원기를 보하고" "갈증을 그치게 하는 것"이 드러난다. 이와 같이 인간과 식물이 맺는 관계에서 발현되는 상황을 표현한 것이 약성이다. 그 관계성을 구체화하고 체계화한 것이 동아시아의학의 본초론이고, 더 나아가 처방의 논리이다.

약성의 존재론에서 본초는 인간과 상호작용하는 파트너이다. 약성의 관점은 대상의 일부를 추출해 분석하는 성분의 관점과 차이가 난다. 인삼은 인삼이고 강황은 강황이다. 인삼이 사포닌으로, 강황이 커큐민(카레 원료인 강황의 주성분)으로 환

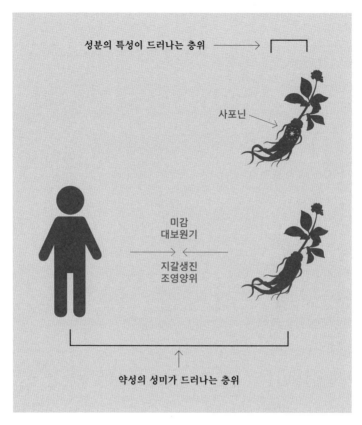

성분의 특성이 드러나는 층위 ⟶

사포닌

미감
대보원기
⟶ ←
지갈생진
조영양위

↑
약성의 성미가 드러나는 층위

인삼에 대해 알 수 있는 방식은 하나가 아니다. 성분을 안다는 것이 내부의 물질에 천착하는 것이라면, 약성을 안다는 것은 인삼과 사람이 만났을 때 드러나는 관계성에 주목하는 것이다.

원되지 않는다. 그러므로 동아시아의학의 본초론에서는 본초 식물의 존재감이 더 분명하다. 인간과 본초 관계가 인간과 성분 관계와 차이가 나는 지점이다(김태우, 2018b).

인삼에 대해 알 수 있는 방식은 하나가 아닐 것이다. 성분과 약성을 둘러싼 앎의 차이는 앞에 제시한 그림으로 표현해볼 수 있다. 둘은 관심 영역이 다르다. 성분의 방식에서는 인삼 내부의 물질에 천착한다. 내부의 고정된 물질을 세세히 구분하여 그 물질의 특성을 분석한다. 약성의 방식은 인삼 내부로만 향하지 않는다. 여기서는 인삼이라는 존재만 등장하지 않는다. 인삼과 상호작용하는 인간이 인삼과 함께 한다. 그리하여 인삼과 사람이 만났을 때 드러나는 현상을 약성으로 표현한다. 즉, 여기서 인삼의 약성은 인간과 본초 '사이'에 있다고 할 수 있다. 그 관계성 속에 있으며, 그 속에서 일어난 "크게 원기를 보하는 것" 같은 사건에 관한 것이다. 약성의 방식은, 성분을 통해 약재의 '본질'을 규정하려는 앎의 방식과는 차이가 있다.

이처럼 관계성을 강조하는 동아시아의 관점은 『주자어류』에서, 인성(人性)에 대한 주자의 언급에서도 드러난다(정우진, 2016: 160).

(사람에게) 인의예지는 성(性)이다. 그러나 이 네 가지에 어떤 형상이 있겠는가? 다만 이와 같은 도리가 있을 따름이다. 이런 도리가 있기 때문에, 수많은 일을 해낼 수 있고, 측은수오 사양시비를 할 수 있다. 이것은 비유하자면 약성과 같다. 약성의 한열과 같은 것은 약 자체에서는 따질 곳이 없다. 다만 복용한 후에야 차가워지고 뜨거울 수 있으니, 이것이 곧 성이고 곧 인의예지일 뿐이다.

사람의 성(性)도 약의 성(性)도 "어떤 (정해진) 형상"이 있는 것이 아니다. 고정된 것이 아니다. 관계를 통해 드러나는 어떤 정황에 관한 것이다.

성분으로도 인삼에 대해 알 수 있고, 약성으로도 인삼에 대해 알 수 있다. 두 방식 모두 인삼에 대해 잘 알게 해준다. 하지만 차이는 있다. 그리고 그 차이는 단순한 것이 아니다. 존재를 이해하는 서양과 동아시아의 사유 방식이 거기에 내재해 있기 때문이다.

인간 너머의 존재와 세계

04

비상징 기호 접수하기

캐나다의 인류학자 에두아르도 콘(Eduardo Kohn)의 『숲은 생각한다』는 성분과 약성의 차이를 다른 방식으로 확인시켜준다(콘, 2018). 이 책의 부제는 "인간 너머의 인류학을 위하여"이다. 콘이 비판하는 '인간' 중심주의의 '인간'은 '상징' 기호에 매몰되어 있는 인간이다. 기호에는 언어와 같은 상징(symbol)만 있는 것이 아니다. 아이콘(icon)과 인덱스(index)도 있다. 콘은 미국의 철학자 찰스 퍼스(Charles Peirce)로부터 이 분류들을 인용한다. 아이콘은 유사성을 통해 표현하고자 하는 대상을 드러내며, 인덱스는 연결된 메시지를 통해 대상을 표현한다. 하지만 인간은 기표로 재현되는 언어 상징 기호만을 고집하는 경향이 강력하다. '물', '水', 'water'와 같은 약속된 매개를 통해 우리가 매일 마시는 그것을 간접적으로 표현하는 것이 주된 방식인 것이다. 상징 기호에 경도된 인간은 아이콘과 인덱스 기호들을 접수하지 못하는 존재가 되어가고 있다고 콘은 지적한다. 그리고 이와는 대조적으로, 비상징 기호에 익숙한 사람들의 모습을 담아낸다. 아마존에서 4년 동안의 현지조사를 바탕으로 콘이 인상적으로 그려내고 있는 것은, 숲속 존재들의 비상징 기호를 적극적으로 접수하는 에쿠아도르 아빌라 사람들과, 그 소통 속에서 드러나는, 인간과 비인간 사이의 관계이다. 이를 통해 콘은, 생명이 기호임을, 그리고 존재들의 상호작용을 통해 아마존 숲 자체가 기호들을 보내고 받는 생각의 장임을 드러내 보인다. 그리하여 "숲은 생각한다"는 것을 보여주고 있다(김태우, 2018b).

앞에서 살펴본 인삼 성분 표현에 등장하는 진세노사이드는 화학식이 $C_{42}H_{72}O_{14}$이다. 이것은 인간의 언어로 인삼을 규정하는 방식이다. C, H, O는 각각 인간 상징 기호인 carbon, hydrogen, oxygen의 약자이다. 콘의 논의를 따르면, 이것은 인삼이 상징 기호화되는 방식이다. 이와 같이 상징이 강조되면 나머지 비상징 기호는 힘을 잃는다. 약성은 이와 다르다. 약성은 나(인간)에게 주어진 타자의 양상이다. 콘의 방식으로 표현하면, 약성을 통한 앎에서는 본초식물이 보내는 비상징 기호를 취하는 것이 중요하다.

물론 약성 또한 언어로 표현되어 있다. 하지만 이미 만들어진 상징 기호를 내세우기보다는 본초식물과 인간이 만났을 때 드러난 상황을 기술하고자 한다. 이것, 저것을 지시하지 않고 정황을 말한다. 그래서 맥에 대한 표현이 묘사적이고 비유적인 것과 같이, 약성에 대한 표현도 비슷한 양상을 보인다. "가늘고 더디며 그 흐름은 좋지 않고 흩어진다"(삽맥)라고 환자의 손목을 잡았을 때 드러나는 현상을 표현하듯이, "크게 원기를 보한다", "갈증을 그치게 한다"처럼 본초를 접했을 때 드러나는 현상을 말한다.

　성분과 약성은 인간과 식물의 관계를 달리 설정하는 두 방식을 예시한다. 성분의 방식은 인간의 언어로 인삼을 규정하며, 이는 인간과 식물 사이의 위계관계를 정립한다. 인삼이 사포닌으로 기표되면 인삼의 존재감은 약화되며, 고정성이 강한 대상이 된다. 인간의 상징 기호 영역으로 인삼이 들어온 것이다. 사포닌은 C와 H와 O로 구성된 것으로, 성질과 구조와 예상 반응을 알 수 있는 확실한 대상이다. 이를 바탕으로 실험과 연구도 가능하다. 하지만 사포닌은 인삼이 아니다. 인간이 선호하는, 상징 기호로 재현된 인삼의 일부가 사포닌이다.

　약성을 알기 위해서는 지시하는 자의 위치에서 대상을 규정하기보다는, 본초식물이 인간에게 어떤 '기호'를 발신하는지 순순히 접수해야 한다. 이를 통해 특권적인 주체가 따로 없는 관계를 통한 앎이 가능해진다. 성분의 방식이 추출을 통해 인삼을 '인식'한다면, 약성의 방식은 관계를 통해 인삼을 '인정'한다. 여기서 인식은 상징 기호를 통해 인간중심적으로 대상을 규정하는 것을 가리키는 말이다. 반면, 인정에는 수동의 언사가 있다. 인간은 상호작용을 통해 타자를 충분히 받아들인다. 약성의 앎에서 인삼을 안다는 것은 인삼의 존재를 인정함으로써 가능하다.

재인식과 인정

정해진 성분과 질병독립체의 바탕에 있는 인식은, 철학자 질 들뢰즈(Gilles Deleuze)의 언어로 하면 재인식에 가깝다.* 재인식은 대상을 이미 정해진 것으로 인식하는 것이다. 재인식에서는 대상과의 상호작용이 제한적일 수밖에 없다. 하지만 재인식으로 알면 확실하다. 미리 규정되고 정의된 대상을 확인하는 인식이기 때문이다. 또한 안전하다. 오인(誤認)을 줄일 수 있기 때문이다. 내추럴리즘의 존재론에서는 인식보다는 재인식이 더 잘 어울린다. 능동적인 주체(정신/의식)와 지시 대상들로 구성된 내추럴리즘의 구도에서는 재인식의 방식으로 존재를 알고 지식과 행위의 체계를 쌓아 올렸을 것이다. 하지만 대상들은, 원활한 재인식을 위해서 수동적이고 고정된 존재로 남아

---

* 들뢰즈는 인식과 재인식을 구분한다. 그는 "우리는 사물들을 재인식하기는 한다. 그러나 결코 그것들을 인식하지는 못한다"(들뢰즈, 2004b: 55)라고 말한다. 들뢰즈는 서구의 철학 전통이 구축한 인식 방식이 재인식의 방식임을 지적하며, 그 너머의 형이상학을 논하고자 한다.

있어야 한다.

약성이라는 이해 방식에서 대상들은 능동적인 존재다. 인간은 비상징 기호를 접수하며, 본초식물들의 능동성을 '인정'한다. 본초가 드러내는 양상을 최대한 받아들이려 한다. 몸 밖 본초를 이해하는 방식은 몸을 이해하는 방식과도 연결되어 있다. 본초의 다양한 방향성과 강도들에 대한 체계는 유동하는 몸과 연결되어 있다. 그 몸과 함께 하기 위한 체계가 본초의 체계다. 처방은, 본초의 조합을 통해 유동하는 몸의 상황에 대처하는 것이다. 본초를 가감하고 작방하여, 고정되어 있지 않은 몸에 응대한다.

본초와 처방의 방식이 나타내듯이, 의료는 몸 안팎으로 연결된 지식과 실천의 체계다. 의료는 몸 안을 바라보는 방식으로 몸 밖을 바라본다. 유동적인 몸과 능동적인 본초는 연결되어 있다. 질병독립체와 성분의 연결도 마찬가지다. 몸 안의 질병독립체를 바라보는 시선은 몸 밖 성분을 바라보는 시선과 같다. 고정되어 있는 대상들, 그것들을 확인하고 지시하는 시선, 그리고 확실한 언어까지 모두 연결되어 있다.

동아시아의학에서 본초의 조합으로 처방하는 데에는 존재론적 이유가 있다. 그 존재에 대한 이해를 전제로 처방이라는 행위가 있다. 가감과 작방도 있다. 몸에 대한 이해를 떼어놓고, 나아가서는 자연에 대한 이해를 배제하고, 의료 행위만 본다면 의문이 생길 수 있다. 몸을 이해하는 방식과 몸 밖 존재들을 이해하는 방식을 연결해서 각 의료들의 치(治)를 바라보면 다른 이해의 길이 열린다.

그 길 위에서 우리는 많은 이야기를 할 수 있다. 몸이 고정되어 있지 않을 때, 몸을 포함한 자연이, 세계가 유동할 때 우리는 어떻게 몸과 세계를 알고, 몸과 세계의 문제들에 응대할 것인가? 몸과 세계를 연결하는 의료는 이에 대한 의미 있는 논의의 장을 제공하며, 의료들의 다양한 이해 방식을 통해 우리는 지금 우리가 직면한 몸과 세계의 문제에 대해 여러 방향에서 접근할 수 있다.

나가며

너머의 상상력을 위하여

정답(正答)과 정답(定答)

몸이라는 다측면의 생명 현상을 고려한다면, 한 의료는 몸에 대한 일부의 진실일 수밖에 없다. 그래서 의료에는 정답(正答)은 없고 정답(定答)만 있다. 몸에 대한 한 의료의 이해를 전제한 답이기 때문이다. 이 정답은 또한 역사적 현상이다. 파피루스에도 기록이 남아 있는 당뇨병의 역사(Tattersall, 2009)에서, 글루코스라는 답이 정해지기까지 수천 년이 걸렸다. 이 답 또한 변화할 것이다. 혈중 글루코스 양의 조절*이라는, 지금 의

---

* 지금 의학의 당뇨병 치료 패러다임은 혈중 글루코스의 양을 정해진 기준 범위에서 조절하여 당뇨합병증을 예방하는 것이라고 할 수 있다. 어떻게 혈중 글루코스가 기준 이상으로 증가하게 되는가에 대한 원인이 분명하게 규명되고, 그 원인에 대한 치료가 진행된다면 당뇨병의 역사에서 또 한 번의 패러다임의 전환이 일어날 것이다. 정답(定答)이 바뀔 것이다.

학의 패러다임이 전환되면 새로운 답이 정해질 것이다. 동아시아의학에도 정답(正答)은 없고 정답(定答)만 있다. 이 정답은 유연하고 포괄적인 경향이 있다. 고정된 대상을 지시하고 그것을 처치하는 일과 거리가 있기 때문이다. 동아시아의학 진단의 정답은, 순조로운 흐름에서 벗어난 상황을 '읽고' 근본 원인을 파악하는 것이라고 할 수 있다. 2장에서 살펴보았듯이, 어지럼증이 뿌리의 문제, 즉 신(腎)의 문제에 기인한다는 것을 읽었다면, 신을 도울 수 있는 하수오를 쓰든 숙지황을 쓰든 정답(定答)의 포괄적 영역에 있다고 할 수 있다. 하지만 신의 문제를 읽지 못하고 어지러운 머리와 상부의 문제로 국한한다면, 기대하는 효능을 얻기 어렵게 된다.

의료들 사이에는 차이가 있다.** 몸은 무엇인가에 대한 이해, 몸을 바라보는 관점, 그 관점에 바탕을 둔 언어들의 연결성 위에서 지식과 행위의 체계가 작동하기 때문이다. 의료에 정답(正答)이 없듯이, 의료가 바라보는 몸과 존재에도 정답은 없다. 정답(定答)만 있다. 이 정해진 답도 하나가 아니다. 의료가 하나가 아니므로, 정답도 정답'들'로 존재한다. 이 하나가 아닌 답들의 땅에서 할 수 있는 것들의 가능성이 결국 이 책이 말하고자 했던 것이다. 몸을 강력하게 규정하는 체계로서의 의료를

** 이 책에서 의료들의 차이를 말하는 것은, 그 의료들이 소통할 수 없다는 것을 말하기 위함이 아님을 다시 한 번 강조할 필요가 있다. 오히려 제대로 된 소통을 위해 차이를 아는 것은 필수적이다. 차이를 인지한 소통을 바탕으로 더 나은 방식의 융합도 가능할 것이다.

흔들기 위해 복수의 의료를 같이 살폈다. 하나의 의료에 고정되지 않는 몸에 대해 이야기했다.

이 책의 끝에서 강조하고 싶은 것은, 다시 시작에 관한 것이다. 몸을 바라보는 기존의 방식에서 벗어날 때 우리가 만날 수 있을 세계'들'에 대한 논의를 시작할 수 있다. 기후변화와 코로나 팬데믹이 보여주고 있듯이, 우리는 정해진 것(최근에는 노멀이라 불리는 것)을 떠나기를 요청받고 있다. 이는 우리의 가장 기본적인 존재론적 전제인 몸에 대한 사유를 돌아봄으로써 시작될 수 있다. 몸이 고정되어 있지 않듯, 세계도 정해진 것이 아니다. 몸들이 몸 밖 존재들과 다르게 관계를 맺을 수 있다면 세계는 다른 모습을 드러낼 것이다.

메를로-퐁티와 "감각되는 감각하는 자"

몸이 하나가 아니듯, 자연도 하나가 아니다. 자연 속 존재들의 존재 방식도 복수다. 몸이 하나라면 자연도 하나다. 몸, 물질, 자연을 묶어서 정신과 분리된 것으로 경계 짓는 근대적 구도에서는 더욱 그러하다. 메를로-퐁티의 철학적 작업은 이 구도를 흔드는 것이었다. 정신과 '그 외'의 것들로 되어 있는 구도를 문제시하며, 몸을 정신의 영역으로 이동시키려 했다. 아니, 원래의 자리로 되돌리려 했다. 메를로-퐁티는 세계를 지각하는 '주체'로서의 몸에 주목한다(메를로-퐁티, 2002). 몸이 더 이상 '그 외'의 땅에 속하지 않으면, 물질과 자연도 함께 '그 외'의 땅에서 떠날 수 있다. 그렇게 되면 세계가 흔들린다. 그 외의 땅에서 고정적 대상으로 존재하던 몸, 물질, 자연이 움직이면, 그것들을 확실하게 인식하던 주체도 흔들린다. 분절적 구도 자체도, 그 구도 안에 안주하던 주체와 대상, 인간과 비인간 관계도, 모두 흔들린다. 세계는 다른 세계가 될 것이다. 그러므로 메를로-퐁티에게, 몸을 말하는 것은 곧 세계를 말하는 것이다.

그는 이러한 지향 속에서 "감각되는 감각하는 자"(메를로-퐁티, 2004: 96)로서의 몸을 말한다. 메를로-퐁티는 『보이는 것과 보이지 않는 것』에서, 촉각을 논의의 출발점으로 삼아 몸의 존재 방식을 이야기한다. 그리고 촉각에서 시각으로 그 논의를 넓혀나간다. 능동적 정신과 수동적 '그 외'의 이분법을 흔드는 작업을, 촉각에서 시작하는 것은 탁월한 선택일 것이다. 시각은 보는 이와 보이는 대상 사이의 거리를 전제한다. 촉각은 이를 차치하고, 또한 이 거리가 만들어내는 분리의 담론으로부터 벗어날 수 있다. "손을 잡은 손"이 표현하듯이, 촉각은 접촉을 기본으로 하기 때문에, 분리와 분절 없이 주체와 객체(대상), 능동과 수동에 대해 논의할 수 있는 흥미로운 장이다.

그는 촉각의 순간을 이렇게 표현한다(앞의 책: 192). "'만지는 주체'가 만져지는 것의 열로 이행하여 사물들 가운데로 내려가며, 결국 촉각은 세계의 한가운데서, 그리고 사물들 속에서 그렇듯 이루어진다." 또한 "나는 사물들에게 나의 몸을 빌려주고, 사물들은 나의 몸에 등재되어 나를 사물들과 흡사하게 만드는 (…) 계약"(앞의 책: 209)이라고도 말한다. 이 촉각의 순간에는 사물, 즉 만져지는 대상과 만지는 자 사이에 가시적 경계가 설정되지 않는다. 내가 대상들 가운데로 내려가기도 하고, 대상이 나의 몸에 등재되기도 한다. 메를로-퐁티의 촉각 논의는 맥진의 순간들과 잘 통한다. 동아시아의학에서 맥을 잡는 순간은, 맥 잡는 자와 맥 잡히는 자 사이의 오고감의 순간이다.

'맥을 짚는다'는 것은 능동태 표현 같지만, 여기엔 수동과 능동의 이분법이 작동하지 않는다. 능동적으로 손목을 잡지만 수동적으로 환자 몸의 진동을 접수해야 한다. 손가락에 힘을 주기도 하고 힘을 빼기도 하면서, 깊이 짚기도 하고 얕게 짚기도 한다. 조심스럽게 눌렀다 떼었다 하기도 한다. 능동적으로 짚는다. 하지만 이 능동은 수동적이기 위한 능동이다. 제대로 받아들이기 위해 적극적으로 움직인다. 이 맥진의 순간에는 주체와 객체의 경계가 불분명하다. 능동적으로 규정하는 주체에 의해 수동적으로 규정당하는 객체의 틀이, 여기선 잘 들어맞지 않는다. 대상인 맥의 능동성에 수동적인 주체가 있어야 맥이 성립한다. 그러므로 메를로-퐁티는 이렇게 말한다(앞의 책: 200). "나의 능동성이 똑같이 수동성인 것이다."

사람마다 맥이 잘 드러나는 곳은 조금씩 다르기 때문에, 맥진을 위해서는 먼저 최적의 장소를 찾는 작업이 필요하다. 맥을 잡는 손이 집요하게 움직이며 최적의 맥진처를 찾을 때는 맥 잡는 손이 능동이었다가, 맥진처에서 맥을 열심히 받아들일 때는 맥 잡히는 손이 능동이 된다. 하지만 이 순간들은 잘 구분되지 않는다. 맥진처를 찾을 때조차 맥 잡는 손은 능동이면서 동시에 수동이다. 능동적으로 맥진처를 물색하지만, 또한 수동적으로 맥을 받아들일 준비가 되어 있어야 한다. 맥진은 능동이라고, 혹은 수동이라고 잘라 말할 수 없는 순간에 일어난다. 능동 아니면 수동이라는 이분법적 언어로는 이 순간을 표현할 수 없다. 이를 표현하기 위해서는 능수동, 혹은 수능동같이 능동과 수동, 주체와 객체의 분절적 사고의 틀을 떠난 말이 필요할 것이다.

메를로-퐁티는 이분법적인 능동과 수동, 주체와 객체의 분리를 넘어선 인식론과 존재론을 말하고자 했다. 몸이 먼저 '그 외'의 땅을 떠나면, 물질과 자연도 그 땅을 떠날 길이 열린다. 그 길을 터주기 위해 메를로-퐁티는 세잔의 그림을 경유한다. 그는 "풍경 자신이 내 속에서 생각하며, 나는 풍경의 의식이다"(메를로-퐁티, 1985: 28)라는 세잔의 말을 인용한다. 풍경 없이는 나의 의식도 없다. 세잔의 생 빅투아르 산 연작은 풍경과 의식이 뒤섞이는 정황들의 표현이다. 여기서 풍경과 의식을 나누는 경계는 없다. 자연과 의식 사이, 사물과 의식 사이의 분절도 없다. 이 허물어진 경계에서 '그 외'의 땅은 이미 없다.

이 경계들을 허무는 과정에서 주목해야 할 부분은 주체 밖 존재들의 행위 가능성이다. 맥 잡히는 손이 능동적이듯 풍경은 수동적이지 않다. 세잔의 그림에서 발견되는 주체와 객체의 관계를 표현하며, 메를로-퐁티는 이렇게 썼다(앞의 책: 33). "세잔이 그의 그림 속의 대상이나 얼굴에 부여했던 의미는 그 것이 그에게 나타났던 세계 속에서 그 자신에게 스스로 제시한 것이다. 단지 세잔은 그 의미를 해방시켰고 자신에게 그릴 것 을 명령했던 것은 그가 보았던 대상이나 얼굴 그 자체이며, 그 들이 말하고자 했던 것을 표현했을 따름인 것이다." 주체가 주 체의 의식대로 대상을 재현하는 것이 아니라, 대상의 현전을 온전히 드러내는 것, 그것을 메를로-퐁티는 대상의 명령을 표 현하는 것이라고 말한다. 그는 촉각의 순간을 통해, 또한 세잔 의 그림을 통해 주체와 객체의 새로운 관계를 말한다. 객체가 수동적이지 않고 고정되어 있지 않을 때, 대상이 주체에게 명 령하는 존재일 때, 그 관계는 기존의 관계와 다를 수밖에 없다. 그 존재들이 이루는 세계도 이전의 세계와는 더 이상 같지 않 다. 그 세계에서는 '주체'나 '객체'와 같이 존재들을 구획하는 사유가 아닌 다른 사유가 필요할 것이다.

들뢰즈와 "사물들과의 마주침"

기존의 구획을 떠나는 것은 들뢰즈의 철학적 기획이기도 하다. 메를로-퐁티와 들뢰즈의 철학적 입지는 다르지만, 기존의 철학 을 넘어서는 사유를 지향하는 길 위에서 두 사람은 만난다. 그 길에는 적지 않은 접점이 있다.* 두 사람의 접점은 또한, 이 책에서 의료'들'을 통해 말하고자 했던 하나가 아닌 몸과 만난다.

'탈영토화', '탈기관체', '탈주선'과 같은 들뢰즈의 개념은 기존의 구획 벗어나기가 그의 철학적 소임임을 드러낸다. 그의 탈(脫)논의는 기본적으로 '사유의 이미지' 비판과 관련이 있다. 사유의 이미지는 서구의 주류 철학이 구축한 사유의 틀이다. 어떤 공리들** 위의 사유의 이미지는 서구 철학 전통에서 무엇을 사유하고 어떻게 사유하는가를 규정하는, 강력한 영향력을 가진 사유의 조건이다. 이 사유의 이미지 속에서 '재인식'***과 '재현적 사유'를 지속해온 것이 플라톤, 데카르트, 칸트, 헤겔 등으로 이어지는 서구 철학의 주류 계보를 이룬다. 들뢰즈는 사유의 이미지가 의지하는 공리들이 어떤 필연성이 있는 것이 아님을 강조한다(그래서 원칙이 아니라 공리다). 임의성 위에서 사유의 이미지가 진정한 '사유'를 막고 있다고 주장한다. 사유의 이미지에 대한 들뢰즈의 비판은 강력하다(들뢰즈, 2004a : 371). "이 공준(공리)들은 모두 함께 사유의 독단적 이미지를 형성한다. 이 공준들은 재현 안의 같음과 유사성의 이미지를 통해 사유를 압살해버리지만, 이 이미지가 가장 심층적인 수준에서 훼손하는 것은 사유하기의 의미에 있다." 들뢰즈의 철학적

---

*   이들 접점에 대해서는 강선형(2016), Reynolds and Roffe(2006) 참조.
**   들뢰즈는 "보편적 본성의 사유라는 원리", "공통감의 이상", "재인의 모델",
       "재현의 요소" 등 공리들에 대한 논의를 통해 사유는 이러이러해야 한다는
       근거 없는 당위성 위의 구조물이 그동안의 사유였다는 것을 논하고 있다
       (들뢰즈, 2004a).
*** '재인식'에 관해서는 5장에서 일부 언급했다.

기획은 이 사유의 이미지를 전복하는 것에 있다고 할 수 있다. '기호', '감응(정동)', '되기', '비재현적 사유' 등은 이 전복을 위한 개념의 폭탄들일 것이다. 이를 통해 그는 사유의 이미지 너머의 사유를 꿈꾼다.

'사유의 이미지'를 떠난 사유, 재인식과 재현 너머의 사유는 본초식물에 대한 동아시아의 이해와 흥미로운 접점이 있다. 5장에서 살펴보았듯이, "인삼미감", "대보원기", "지갈생진"과 같이 본초 약성에 대한 언어 표현에 약들의 성미가 기표로 규정되어 있지만, 그 표현들이 약의 약성을 다 포괄하지는 않는다. 기(氣)에 대한 2장의 논의에서 언급한 것처럼, 약성 또한 언어라는 기표의 그릇에 잘 담기지 않는다.* "인삼미감"(人蔘味甘)에서는, 인삼과 인간의 접촉에서 드러나는 현상을 '미감'이라고 표현하고 있지만, 감(甘)으로 표현되는 본초는 인삼만 있는 것이 아니다. 감(甘)초는 말할 것도 없고, 하수오, 구기자, 용안육, 갈근, 진피, 맥문동 등이 모두 인간과의 접촉에서 감이 드러난다. 하지만 이 감들은 같은 감이 아니다. 같은 감이라면 약성이 다를 수 없고, 그렇게 많은 미감의 약들이 존재할 필요가 없다. 쓴맛을 내는 본초들, 즉 미고(味苦)의 본초도 하나둘이 아니다. 대황, 사삼, 우슬, 황련, 천문동 등이 모두 고(苦)를 드러낸다. 어떻게 이 감'들'을, 고'들'을 아는가? 어떻게 알고

---

* 동아시아의학의 언어와 그 언어가 담고자 하는 내용과 범위에 대해서는 앞으로 심각한 논의가 필요할 것이다(김태우, 2017a).

약을 쓰는가?

　복수의 감과 고를 알기 위해서 직접 기미(氣味)를 접해야 한다. 기미는, 들뢰즈의 언어로 하면 본초가 방출하는 일종의 '기호'다. 들뢰즈는 (메를로-퐁티가 예술을 논하듯이) 마르셀 프루스트(Marcel Proust)의 소설 『잃어버린 시간을 찾아서』를 통해 기호에 대해 말한다(들뢰즈. 2004b: 41). "진리는 어떤 사물들과의 마주침에 의존하는데, 이 마주침은 우리에게 사유하도록 강요하고 참된 것을 찾도록 강요한다.(…) 대상을 우연히 마주친 대상이게끔 하는 것, 우리에게 폭력을 행사하는 것—이것이 바로 기호이다." 맛을 보아 기미를 직접 접하는 것은 "사물들과의 마주침"을 위해서이다. 여기서 "마주침"은 이미 그 사물을 알고 있다고 전제하지 않는 것을 의미한다. 알고 있다는 생각으로는 "참된 것을 찾"으라는 강요를 접수할 수 없다. 기대하지 않았던 조우를 통해 기호를 만날 수 있다.

　이미 알고 있다고 생각하는 대상은, 다시 들뢰즈의 언어로 하면 재인식의 대상이다. 기표 안에 고스란히 담겨 있어서 어렵지 않게 다시 인식되는 대상이다. 반면 마주침을 통해 기호를 방출하는 대상은 우리가 '사유'하도록 강요한다(여기서 '사유'는 이미지 없는 사유다). 이러한 기호의 요구를 표현하기 위해 들뢰즈는 폭력이라는 용어를 사용한다. '폭력'은 그 요구가 강력하다는 것을 표현하기도 하고, 기존의 재인식과 기호의 사유 사이의 간극을 드러내기도 한다. 재인식에는 요구가 없다. 이미 인식된 것을 다시 인식하기 때문에, 무엇을 찾는 것을 요구하지 않는다.

본초의 기호를 접수하는 것은 말처럼 쉽지 않다. 기표로 규정되어 재인식을 유발하는 기존 감(甘)과 기존 고(苦)에 대한 생각을 해체하는 작업이 수반되어야 하기 때문이다. "생각을 가지고 약을 쓰지 말고, 기미로 써야 한다"라는, 약성 공부 현지조사*에서 지속적으로 강조되던 말은 바로 이것을 표현한다. 기호를 접수한다는 것은 기존 "생각"을 깨는 것을 수반한다. 약성 공부에서 생각은 고정되어 있는 감에 대한 의식, 고에 대한 의식이다. 그러한 생각을 가지고 있으면 본초와 '마주칠' 수 없다. 특히, 기표된 약성에 의지하면, 즉 그 기표를 따라가며 재인식하려 하면 생각으로 본초를 재단하게 된다. 미감과 미고에 대한 관성적 사고, 내가 그것을 안다는 생각, 기표에 안전하게 담겨 있는 미감과 미고의 의미 등이 마주침을 가로막는다. 기호를 접수하는 것은 그것들로부터 벗어나는 것이다.

본초의 기호인 기미는 기(氣)와 미(味)를 같이 말하는 용어다. 본초가 방출하는 기운과 맛이다. 기미의 기호는 향으로, 맛으로, 매끄럽거나 거친 느낌으로, 세거나 약한 힘으로, 경쾌함 혹은 탁함으로 몸을 흔든다.** 하지만 바로 앞 문장에서 표

* 본초식물의 약성을 공부하기 위해 한의사들이 꾸린 공부 모임에 참여했다. 약성 공부는 한의사들이 달여 온 본초를 맛보며 문자화된 약성 이면의 기미를 체험하는 방식으로 진행됐다. 약성 공부 현지조사에 관한 구체적 내용에 관해서는 김태우(2018b) 참조.

** 구체적으로 기미는 한열온량(寒熱溫涼)의 네 가지 기, 즉 사기(四氣)와 시고 쓰고 달고 맵고 짠 다섯 가지 맛, 즉 오미(五味)로 나뉜다. 기미의 방향

현해본 기미의 기호들은 실제로는 잘 나누어지지 않는다. 그것들이 섞이고 경계를 넘나들며, 본초의 기미를 이룬다. 이 기호들, 즉 기미는 그것을 접하는 몸에 충격을 가한다. 충격의 여운은 어떤 흔적을 몸에 남긴다. 이 여운의 흔적들이, 들뢰즈가 '감응' 혹은 '정동'이라고 표현한 것일 터이다. 이 흔적들은 과거의 자국으로 남아 있지 않고 앞으로의 가능성으로 열려 있다. 약성 공부에서는 본초들에 대한 '배움'***이 되어, "생각"이 아니라 "기미"로 약을 쓸 수 있는 바탕이 된다. 기미로 약을 쓰는 것은, 본초의 기호가 몸에 남긴 흔적들을 사유하는 것을 말한다. 그렇게 기호를 통해 배우며, 약을 쓸 수 있는 치유자가 되어간다. 약성 공부에서 들뢰즈의 '되기'는 이렇게 드러난다.

'사유의 이미지' 너머의 사유에서, 대상은 기호를 방출하는 존재다. 그러므로 대상을 통해 인간은 배워나갈 수 있다. 풍경이 나의 의식이듯, 대상은 나의 스승이다. 물질, 자연, 몸, 비인간은, 더 이상 머물러 있는 것, 주체의 재인식 대상이 아니다. 대상은 '명령'하기도 하고 '강요'하기도 하는 또 하나의 '주체'이다. 인간은 비인간을 통해 세계를 알고, 비인간 주체와 함

성은, 예를 들면, 오미의 다섯 가지 맛은 수렴하고 굳게 하고 완화하고 발산하고 연하게 하며, 본초의 치유 가능성으로 연결된다. 이를 통해 몸의 변화가 가능해진다.

*** 여기서 배움은 앎과 다르다. 이 차이에 대해 들뢰즈는 다음과 같이 말한다 (들뢰즈, 2004a: 365). "배움은 문제(이념)의 객체성과 마주하여 일어나는 주관적 활동들에 부합하는 이름인 반면, 앎은 개념의 일반성을 지칭하거나 해들의 규칙을 소유하고 있는 평온한 상태를 지칭한다."

께 세계를 구성한다. 이때, 기호의 강요를 접수하는 몸은 기존 사유의 구도를 벗어난 몸이다. '감응'의 거처이자 '되기'의 장소인 몸은 이미 정신 대(對) 몸의 구도를 벗어나 있다. 세계에 열려 있는 몸, 이 몸과 상호작용하는 몸 밖 존재들의 관계는 다른 세계를 열어젖힌다.

철학, 예술, 의료(인류학)의 접점에서

의료 '들'에 대한 이 책의 관심은, 메를로-퐁티와 들뢰즈가 예술에 가졌던 관심과 그 맥락이 유사하다. 기존의 인식을 넘어서기 위해 세잔의 회화를 논하고, 기존의 사유를 넘어서기 위해 프루스트의 소설을 논하는 것과 방향성을 공유한다. 두 철학자가 예술을 적극적으로 참고하는 것은, 기존의 지배적인 사유를 벗어나기 위해 당연한 선택일 것이다. 기존 '사유의 이미지'의 영향력이 강력한 상황에서 철학 내부의 논의만으로는 지난한 작업이 될 수밖에 없다. 그러므로 메를로-퐁티의 예술 논의는 그의 가장 중요한 철학적 작업이라고 할 수 있다.* 들뢰즈는 "하나의 예술작품이 철학적 작업보다 낫다"(들뢰즈, 2004b: 59)라고 직접적으로 말한다.

기존의 사유를 흔들기 위해 예술이 세계를 이해하고 표현

---

* 메를로-퐁티의 예술철학이 갖는 중요성에 관해서는 최재식(2020) 참조.

하는 방식의 도움이 필요했다. 세잔의 풍경에는 르네상스 이후의 규격화된 원근법으로 세계를 보지 않겠다는 선언이 포함되어 있다.** 세잔의 회화는 기존의 시선을 벗어나 표현할 수 있는 길을 예시한다. 프루스트는 기호를 통한 배움의 여정을 서술하며, 재인식 없는 사유 방식을 예시한다. 나아가 "철학에서 사유의 이미지와 대립되는 어떤 사유의 이미지"(들뢰즈, 2004b: 141~142)를 드러내 보인다. 이 예술들은 이미 기존의 사유가 전복된 세계를 표현하고 있었다. 서구의 철학적 전통 안에 있으면서, 동시에 그 지배적인 사유의 틀을 넘어서고자 하는 모순적 상황에서, 너머의 세계를 예시하는 예술들은 두 철학자를 흥분시키기에 충분했을 것이다. 예술과 함께 의료'들'도 여기에 동참할 수 있는 가능성이 열려 있다.

예술이 세계의 존재들을 표현하는 방식에 관한 것이라면, 거기에는 세계를 구성하는 존재들에 대한 이해와 인식이 내재해 있다. 그 이해와 인식은 하나가 아니므로 표현 방식도 복수로 존재한다. 의료'들'도 마찬가지다. 의료들은 몸을 포함한 세계의 존재들에 대한 이해와 인식에 관한 것이다. 각 의료는 어떻게 몸을 아는가? 어떻게 몸을 촉감하고 보고 듣는가? 그렇

** 세잔이 원근법을 사용하지 않은 것은 아니다. 메를로-퐁티는 르네상스 원근법과 대비해서 세잔의 원근법을 "체험된 원근법"이라고 표현한다. 그것은 세계의 드러남을 접수하며 세계와 대상의 행위 가능성을 열어두기 때문에, 세계의 현현을 받아들이는 것이 먼저다. 체험된 원근법에 관해서는 주성호(2015) 참조.

게 지각되는 대상은 어떤 몸인가? 또한 그 몸을 지각하는 이 몸은 어떤 몸인가? 치료를 위해 몸과 연결되는 존재들은 어떤 존재들인가? 그 존재들의 약됨(medicine-hood)은 무엇이고, 또한 어떻게 그것을 아는가? 이 질문들에 대한 답은 하나가 아님을 의료들은 말하고 있다. 헤게모니적 서구 철학의 이해가 전부가 아님을 회화와 소설들이 드러내듯이, 의료들 또한 존재를 이해하는 하나 이상의 가능성을 보여준다. 몸에 대한 이해는 하나가 아니므로, 메를로-퐁티와 들뢰즈가 예술을 통해 했던 작업을, 의료를 통해서도 할 수 있다.

　의료는 몸들(인간, 비인간 존재들)에 대한 사유 위의 지식과 행위의 체계이다. 의료들이 몸을 이해하는 방식은, 의료 공간에서 이루어지는 치료의 행위들을 통해 표현된다. 현장에서 "행위로 기록된 문서를 읽는 인류학"(기어츠, 2009: 20)은, 철학자들이 예술의 표현을 읽어내듯 그 표현을 통해 의료들이 어떻게 존재를 이해하는지 읽어낼 수 있다. 의료가 몸을 이해하는 관점은 몸에만 머물러 있지 않고 세계를 이해하는 관점으로 연결되기 때문에, 의료에 관한 인류학은 존재와 세계에 대한 논의들을 포함한다. 그러므로 철학과 인류학은, 존재들에 대한 고정된 이해를 떠나고자 하는 길 위에서, 앞에 언급한 맥진과 약성의 예시처럼 조우한다. 그 길 위에서 나누는 대화를 통해 너머의 존재론에 대한 논의를 심화할 수 있다.

존재론적 전회와 포스트 코로나 시대

최근 인문사회과학의 존재론적 전회, 신유물론, 행위자-연결망 이론(ANT, Actor-Network Theory), 행위적 실재론은 모두 존재들을 적극적으로 논의하자는 움직임이다(김환석 외, 2020). 특히, 대상으로 치부되었던 인간 외 존재들의 존재감을 복권하는 데 깊은 관심을 가진다.

존재론은 인식론과 불가분의 관계를 가지지만, 지금 이 시대의 헤게모니적 형이상학은 주체 중심의 인식론으로 기울어 있다. 인간 주체의 재인식에 바탕을 둔 세계 인식이 세계 자체가 되어 있는 상황이다. 이러한 상황에서 최근의 새로운 지적 흐름들은 강력한 인식론에 의한 불균형을 염두에 두고 존재론을 강조한다. 기존의 인식론이 인간의 관점에서 동물, 물질, 사물들에게 부여한 자리를 의문시한다. 주체의 '대상'이 아니라 원래 존재의 자리로 비인간 존재들을 복위(復位)하는 작업을 하고 있다.

이러한 작업에 기여하는 학제들 중, 인류학에서 특히 주목할 부분은 비서구 형이상학을 적극적으로 가져온다는 것이다.* 서양철학(현대철학의 실재론), 과학실천(ANT), 양자역학(행위적 실재론) 등 서구 기원의 이론과 실천뿐만 아니라 비서구의 사

---

* 5장에서 언급한 비베이루스 지 까스뜨루가 아마존의 애니미즘을 통해 다자연주의를 논의하는 것이 이에 관한 대표적 예시이다.

유와 실천을 통해 전회 논의를 다양화하고 있다.* 이 책도 이러한 움직임과 방향성을 공유한다.

인문사회과학의 새로운 흐름들은 단지 비인간 존재들에 대한 논의만을 의미하지는 않는다. 인간과 비인간 존재들의 관계를 재고해 비인간 존재뿐만 아니라 인간 존재에 대해 다시 숙고해보자는 운동이다. 인간/비인간, 문화/자연의 분절을 넘어, 비인간과 자연과의 관계 속에서 인간과 문화에 대해 논의하자는 운동이다. 그리고 이것은 절박한 과제이다. 환경 위기, 기후변화와 관련된 문제이기 때문이다. 인간을 포함해 자연에서 일어나고 있는 생명의 문제들과 연결되어 있기 때문이다.

코로나 팬데믹은 환경 문제를 거치지 않고 사유할 수 없다. 환경 파괴가 코로나19를 촉발했다고 보다 직접적으로 말할 수 있지만, 자연을 바라보는 시선과 바이러스를 바라보는 시선의 연결성을 문제 삼을 수도 있다. 인간과 비인간을 분절하고 위계화하는 근대적 구도에 의해, 자연은 수동적이고 고정적인 것, 확실하게 규정할 수 있고 이용할 수 있는 대상으로 남아 있었다. 그러길 바랐다. 하지만 그 구도에 의해 자연이 완벽히 정의되고, 존재들이 모두 침묵하는 것은 아니다. 포획되지 않는 움직임과 목소리들이 있을 수밖에 없다. 지금의 환경 위기는 자연이 그 형이상학의 구도에 제대로 담겨지지 않음을 뼈

---

* 인류학은 아니지만, 동아시아와 유럽 사이 비교철학을 말하는 프랑수아 줄리앙(Francois Jullien)의 작업도 여기에 포함된다고 할 수 있다(줄리앙, 2010; 2014; 2019).

196

아프게 드러낸다. 코로나 바이러스도 기존의 인식을 벗어나는 존재의 문제다. 바이러스는 기존의 규정으로 확실하게 파악되지 않는다. 생물인지 무생물인지 그 자체가 잘 고정되지 않는다. 바이러스는, 또한 변종한다. 인류가 경험하고 있는 방역의 문제, 백신과 치료제 개발의 문제는 기존의 인식론이 작동하지 않는 문제와 관계된다. 몸과 존재들이 정해져 있다는 믿음이 유지되지 못하는 상황과 상관이 있다. 환경 위기와 함께, 코로나 팬데믹은 대상을 규정할 수 있다는 믿음의 위기이다.

환경 위기와 코로나 팬데믹은 그야말로 존재론적 위기이다. 인간을 포함해 지구에 살고 있는 생명들의 위기이면서, 동시에 기존의 존재론을 재고할 것을 요청하는 위기이다. 존재론적 위기는 존재론적 전회를 통해 극복의 실마리를 풀어갈 수 있다. 뉴노멀(New Normal) 논의도 마찬가지다.

뉴노멀은 새로운 용어지만, 노멀 너머를 위한 움직임은 새로운 것이 아니다. 지금까지 살펴보았던 메를로-퐁티와 들뢰즈의 철학, 존재론과 관련된 최근의 논의들도 모두 연관되어 있다. 기호, 감응, 감각되는 감각하는 자 등의 개념을 통해 철학자들은 노멀 너머를 사유한다. 존재론적 전회 등은 존재들에게 제자리를 찾아주는 작업을 통해 노멀 너머를 실천하고자 한다. 뉴노멀은 이미 논의되고 있었다. 철학에서 격하되어 있던 대상들, 인문사회과학에서 간과된 자연, 동물, 물질들이 인간과, 또한 인간의 문화와 연결되어 함께 존재하고 함께 살아간다는 것을 말하고 있었다.

코로나 팬데믹은 노멀의 문제들을 수면으로 떠오르게 했다. 지금 닥친 기후위기와 함께 팬데믹, 또한 앞으로의 팬데믹 '들'은 노멀 너머를 상상하라고 '강요'한다. 이것은 일종의 기호들이다. 이 위기들과 '마주치기'를 거부한다면, 기존의 방식으로 재인식한다면, 위기들은 속수무책으로 전화할 것이다. 팬데믹이 촉발한 뉴노멀의 위기·기회를 신자유주의 갱신을 위해서만 사용한다면, 뉴노멀이라는 말을 안 하느니 못하다. AI 기술, 비대면 경제만 키울 작정이라면 노멀 너머는 이미 없다.

뉴노멀로 가는 길은 정해진 도정이 아니다. 뉴노멀은 노멀과 어떻게 멀어지느냐에 달려 있다. 그것은 보다 근본적인 변화를 수반한 것이어야 한다. 노멀에서 뉴노멀로의 노정을 위해 이 책의 논의가 시사하는 바가 있을 것이다. 먼저, 우리가 떠나고자 하는 노멀은 연결성의 체계라는 점을 이 책은 강조했다. 몸, 자연, 객관 등 우리가 일상적으로 사용하는 말에도 어떤 관점이 내재해 있다. 그 관점이, 이 말이 지칭하는 존재들을 이해하는 방식과 연결되어 있다. 이러한 연결성 위에서 우리는 먹고, 이동하고, 버리는 일상을 산다. 지금 인류가 직면한 문제가 존재들과 그 관계의 문제라면, 즉 인간과 (바이러스를 포함한) 비인간 및 자연의 관계의 문제라면 그 문제를 넘어서기 위해서는 이들 존재와 말과 앎의 연결망을 한꺼번에 흔드는 일이어야 한다. 즉, '전회'의 논의여야 한다. 다음으로, 노멀 너머는 존재들에 대한 복수의 이해와 복수의 관계성을 통해 상상될 수 있다. 존재들에 대한 이해가 여럿일 수 있다는 것은, 존재를 이해하는 기존 방식을 떠날 수 있다는 것을 의미한다. 몸과 존재들이 관계 맺는 방식'들'을 통해, 노멀에서 관계를 실천해온 방식을 돌아보고 그 너머의 관계를 상상할 수 있다. 구체적이고 실제 몸에서 작동하는 의료들은 여기에 기여할 가능성을 가지고 있다.

의료들을 통해 들려줄 수 있는 노멀 너머의 이야기들이 있다. 의료가 하나가 아니라면 몸도 하나가 아니고, 몸에 연결된 존재들도 둘 이상이다. 그러므로 세계도 하나가 아니다. 하나가 아닌 세계에서 우리는 또 다른 노멀을 행할 수 있다. 철학과 예술과 함께, 존재론적 전회 논의와 함께, 의료에 관한 인류학을 통해, 그 세계'들'의 가능성이 열릴 때 시작할 수 있는 이야기, 할 수 있는 일들이 있다. 책의 끝에서 다시 시작을 말하는 이유이다.

용어 해설
또는 용어 해명

말에 대해 말하기

의료는 몸과 앎과 말의 연결을 바탕으로 하는 지식과 행위의 체계다. '무엇을 몸이라 하는가', '그 몸을 어떻게 아는가', '어떤 말을 통해 그 몸과 앎을 표현하는가'라는 문제들이 하나의 의료를 이룬다. 모든 의료에는 저마다 존재(몸)와 인식(앎)과 언어(말)를 잇는 연결성의 체계가 있다. 그리고 이 책에서 논의한 것과 같이, 존재론과 인식론 그리고 그 언어는 의학 내부에서만 작동하지 않는다. 그 연결성이 의학 안팎을 관통하며 특정 시대의 지배적인 존재 이해의 방식과 인식의 방식을 이룬다. 몸을 가진 우리는 이러한 연결성의 체계 속에 존재한다. 일상에서 쓰이는 말들도 그러하다. 몸에 관한 말들을 듣고 되뇌며 우리는 이 체계에 참여하고, 그럼으로써 체계의 일부로 존재한다.

의료'들'을 통해 몸에 대한 이해가 하나가 아니라고 말하는 이 책에서는, 이러한 몸-말-앎의 연결성에 기인하는 피할 수 없는 용어 사용의 문제가 있었다. 3장 서두에서 언급한 말하기의 어려움은 이 책을 쓰는 내내 직면해야 하는 문제였다. 특정한 방식의 인식과 존재 이해가 담겨 있는 용어들을 그 인식과 이해와는 다른 상황과 대상에 사용한 경우가 있었다. 이러한 용어의 '오용'을 인지하고 있었지만, 피하는 것은 쉬운 일이 아니었다. 문장마다 용어의 의미에 대해 설명할 수 없는 노릇이기 때문이기도 했고, 또한 적절한 용어가 없어서 다른 의미의 용어를 사용하지 않을 수 없기 때문이기도 했다.

그러므로 '용어 해설'의 형식을 가진 이 글은 오히려 '용어 해명'에 가깝다. 혹은 하나의 '바로잡음'이다. 용어의 오용에 대한 정정이다. 하지만 이러한 노력에도 불구하고 여전히 해명되지 않고 정정되지 않는 말들도 있다. 적당한 말이 없을 때가 그런 경우이다. 이 글은 특히 이 '언어 부재'의 상황에 주목한다. 잘못된 용어 사용에 대한 해명이면서, 또한 해명할 수밖에 없는 상황과 해명 후에도 해명되지 않는 상황을 드러내기 위해 이 글을 덧붙인다.

말들에 내재한 관점을 주시하지 않을 때, 우리는 주어진 관점 안에서 세계를 바라보게 된다. 말의 한계가 세계의 한계인 것은, 어휘 수의 제한보다는 말이 체화한 관점의 한계에 더 크게 기인한다. 특히 그 말들이 몸과 관련된 말일 때 그 영향력은 적지 않다. 우리는 세계를 사는 몸으로서, 몸에 대한 말들을

통해 세계를 이해하고 표현하기 때문이다.* 그러한 말들에 대
해 말하는 것은, 그러므로 몸에 대한 이해의 한계를 넘어서기
위한 작업이면서, 동시에 기존의 세계 너머를, 즉 노멀 너머를
상상하는 작업이기도 하다. 분리될 수 없는 미시와 거시에 대
해 말하는 일이다. 이를 위해 여기서는 몸에 연결된 말들을 몇
가지 다시 짚어보려고 한다.

용어들을 논의하는 순서는 기존의 가나다순을 따르지 않
았다. 말들 사이 맥락의 흐름을 따랐다.

몸

'기란 무엇인가'라는 질문(2장)이 기에 접근하는 적절한
질문인가를 돌아보아야 하듯, 그러므로 '무엇을 몸이라고 보았
는가'라는 질문(2장)도 몸에 대한 적절한 질문인가를 돌아보아
야 한다. '무엇인가'라는 질문에는 몸이 규정할 수 있는 대상이
라는 전제가 있다. '무엇'이라고 파악할 수 있다면, 그것은 내
부와 외부의 경계선이 분명해야 한다. '무엇인가'라는 질문이
적절한, 몸의 이해 방식도 있을 것이다. 데카르트의 관점이 몸
을 규정의 대상으로 만드는 데 상당한 영향력을 미쳤음을 고려
할 때 '서구에서는 무엇을 몸이라고 보았는가'라는 질문은 적
절한 질문일 것이다. 하지만 '동아시아에서 무엇을 몸이라고

---

*   그러므로 의료는 괄목할 만한 정치의 현장이다. 아네마리 몰(Annemarie
   Mol)은 의료의 이러한 정치성을 존재론적 정치(ontological politics)라
   는 용어를 통해 표현한다(Mol, 2002).

보았는가'라고 질문한다면, 질문 자체에 질문을 던져야 하는 상황이 된다.

동아시아에서 몸은 몸 밖과 연결되어 있다. 어지럼증 환자의 경우(2장)에서 살펴보았듯이, 몸은 몸 밖 하루의 시간과 연결되어 있다. 기운들이 일어나고 펼쳐지고 수렴하고 저장하는 하루의 모양새와 상호작용하며 존재한다. 몸을 경계 짓고, 몸에 국한된 논의만을 한다면 동아시아의 몸을 제대로 말할 수 없다. 육기의 개념은 특히, 몸 안팎의 상호 연관을 드러낸다. 풍·한·서·습·조·화의 여섯 가지 기운인 육기(3장)는, 몸 안에도 있고 몸 밖에도 있다. 안팎의 육기가 조화를 이룰 때 몸은 순리에 맞게 작동한다. 육기 중 하나가 돌출될 때 그러한 순리가 흔들리고, 우리는 아프다. 한(寒)이 돌출되는 감기(상'한')가 그렇고, 풍(風)이 돌출되는 중'풍'이 그렇다. 안구건'조'증도 마찬가지다.

데카르트 이후의 서구에서는, '나'라는 생각하는 존재의 확실성을 위해서 그 생각의 대상이 되는 것들의 확실성이 담보되어야 했다. 그것이 '무엇'인지 확실히 말할 필요가 있었다. 하지만 확실성에 대한 집착, 즉 '데카르트적 불안'이 부재한 동아시아의 존재론에서는 '무엇'을 먼저 규정할 필요가 없었다. 무엇이라 할 것이 다른 무엇들과 연결되어 있는 상황에서 더욱 그럴 이유가 없었다.

'무엇'에 대한 질문은 일상적인 질문이다. 하지만 여기에는 그 무엇을 규정하려는 관성적 관점이 깔려 있다. 몸이 무엇으로 규정되면, 세계도 무엇으로 규정된다. 그러므로 "몸을 말하는 것은 곧 세계를 말하는 것"이라는 말(「나가며」)은 메를로-퐁티에게만 해당되지 않는다. 우리 자신에게도 해당된다. 우리도 일상에서 몸을 말하며 세계를 같이 말한다. '저질 체력'을 말하며 몸을 힘(力)이 강조된 육체(體)로 이해하는 관점을 유지한다. 안티에이징(anti-aging)을 말하며 노년(aged)의 몸을 대상화한다. 그 몸들에 대한 규정 위에서, 몸 밖의 세계를 이해하고 그 이해를 실천한다.

'무엇'과 같이, 몸과 연결된 말들을 살펴보아야 한다. 그 말들은 존재들에 대한 생각과 맞닿아 있다. 무엇을 묻는 것은 대표적 질문 어법이지만, 그것은 세계를 규정하는 문법이기도 하다. 존재와 세계에 대한 이해가 다르다면, 몸에 대한 질문 자체도 달라져야 할 것이다. 동아시아의 몸-말-앎-세계의 연결 위에서 몸에 대해 묻기 위해서는 다른 질문이 필요하다. 무엇보다도, 그것은 '무엇'에 대한 질문은 아닐 것이다.

건강

건강이라는 말도 객관(3장)처럼 동아시아에 새롭게 등장한 말이다(오재근·김용진, 2008). 번역을 근대화(서구화)의 핵심 조건으로 보았던 19세기 일본에서 생겨난 조어다. 한자어 건강(健康)은 '굳셀 건'과 '편안할 강'을 이어 만들었다. 말 그대로 이 용어에는 힘의 논리가 내재해 있다. 그리고 육체를 강조한다. Health의 번역어가 어떻게 힘과 육체를 강조하게 되었는가? 이에 대해 답하기 위해서는 누구의 시선이 건강이라는 말 안에 내재해 있는지 살펴보아야 한다. '건강'을 고무적으로 생각하는 주체는 누구인가? 그 주체는 몸의 주인과 같은 주체인가?

그 주체는 권력적 주체다. 규정하고 정의하고 명명하는 자라는 점에서 권력적이지 않은 주체는 없지만, 건강을 바라보는 주체는 특히 근대 권력과 밀접한 관계가 있다. 건강 추구의 허구성을 드러내는 한 신문 칼럼이 지적하고 있는 것처럼, 여기에는 근대 국민국가의 논리가 내재해 있다(신영전, 2019). 국가의 시선이 포함되어 있으며, 이 시선의 주체는 건강한 몸, 건강한 인구를 필요로 한다. 건강의 의미는 체력(體力)과 잘 통한다. 말 그대로 육체의 힘인 체력은, 사전적 의미도 "질병이나 추위 따위에 대한 몸의 저항 능력"이다. 체력은 아마 몸에 관한 말 중 푸코의 '생명정치'를 가장 잘 표현한 언어일 것이다. 인간의 생물학적인 요소에 깊은 관심을 보이는 생명정치에서 육체의 힘은 특히 주목받는 요소이다(푸코, 2011). 생명정치의 주요 주체인 국가는 여기에 각별한 관심을 가진다. 그러므로 우리는 건강과 체력을 일상적으로 되뇌며, 몸에 대한 국민국가의 관심이 투사된 이 말로 스스로의 몸에 대해 관심을 표명한다. 이와 같이 건강은, 또한 체력은, 존재의 고무적인 상태에 대한 중립적인 표현 같지만, 그 말의 계보를 살펴보면 특정 관점과 논리와 만난다.

건강이라는 말이 만들어지기 전, 동아시아에 그와 유사한 말이 있었다면, 그것은 동아시아의 몸-말-앎의 연결성 위에서 생겨난 말일 것이다. 동아시아에 존재의 고무적인 상태를 가리키는 말이 있다면, 그것은 자연의 이치의 흐름에 조응하는 것과 관련되어 있을 것이다. 여기서 자연은 nature의 번역이 아니다(3장). 그것은 이치가 흐르는 거대한 장이라고 할 수 있으며, 그 속에 인간도 비인간 존재도 사물도 모두 포함되어 있다. 만물은 이치를 공유하며 함께 호흡하는 존재들이다. 그러므로 존재의 고무적인 상태를 말하기 위한 이치는 단지 생리(生理)에 관한 것이 아니고, 몸 밖 더 넓은 세계의 이치와 맞닿아 있다. 육체의 힘을 강조하는 건강이나 체력과 같은 말로는 이를 제대로 표현할 수 없다.

덧붙여, 여기에는 윤리적 함의가 있다(여인석, 1998; 최대우, 2005). 이치에 순조로운 몸은 단지 '건강'(대신할 말이 없어 따옴표와 함께 사용한다)한 몸이 아니다. 이치에 맞게 사는 것은 사회적 관계에서도 건강한 삶을 의미한다. 사상의학에는 이러한 관점이 특히 가시적이다(4장).

존재의 고무적인 상태에 대한 동아시아의 생각도 역사적 산물일 것이다. 하지만 동아시아의 관점은, '건강'에만 매몰될 수 없는 광의의 건강도 있다는 것을 말하고 있다. 존재의 좋은 상태를 말하기 위해 경계 지어진 몸 너머를 함께 포괄해야 하는 존재 이해의 방식도 있음을 보여주고 있다.

생명

생명에 대한 지식 체계인 생물학의 발달은 개체주의·개인주의의 대두와 맥락을 같이한다(Strathern, 2017). 생물학은 개별 존재를 생명의 중심에 두는 관점을 관성적으로 실천한다. 이때 개체들 사이의 관계는 기본적으로 위계적이다. 생물학, 생명과학, 생명공학, 분자생물학, 생명정보학 등 생명에 대한 논의는 많지만, 생명은 다 같은 생명이 아니다. 모든 논의는 인간의 생명으로 수렴된다. 지금 가장 뜨거운 화두인 바이러스도 인간 생명을 위한 논의이다. 인간이 맨 위에 위치하는 진화주의의 생명의 나무는 말할 것도 없고, 생명에 대한 지식 구조 자체가 그 위계를 형상화한다. 개체를 나누고 위아래를 규정하는 관점이 '생명'에 포함되어 있다. 이런 말의 계보 위에서 "몸의 다양한 생명 현상"(2장)이라는 표현은 자연스럽다. 하지만 동아시아의 몸-말-앎의 연결성 속에 이 '생명'을 두면, 뭔가 어색함이 드러난다.

동아시아의 아날로지즘(4장)에서, 생명은 거대한 연결망에 이어져 있다. 빛이 있고 물이 있는 천지의 공간이 만물 생명을 살도록 한다. 여기서 천지는 인간과 거리를 둔 하늘과 땅이 아니다. 천지는 음양의 한 양상(하늘은 양이고 땅은 음이다)으로서, 음양의 존재론에 의해 인간과 연결되어 있다. 밤낮의 시간도 변화하며 생명을 활동하게 하고 쉬게 하면서 생명을 살아 있게 한다.

불과 물 같은 '물질의 상태' 또한 생명을 생명답게 한다.

이는 몸 안팎에서 드러난다. 하늘의 태양[火]과 땅의 물[水]이 조화를 이루는 것을 수화교제(水火交濟)라고 한다. 이는 천지의 조화로운 모습이면서(그러므로 환경위기는 수화불(不)교제의 문제다), 또한 몸의 조화로운 상황이기도 하다. 몸에서는 화의 성향을 가진 심(心, 심장)과 물의 성향을 가진 신(腎, 신장)이 조화를 이루는 것이, 순조로운 생명의 대표적인 표현 중 하나다. 음양을 통한 이 아날로지의 연결망에서 어디를 잘라 자연의 영역으로 하고, 어디까지를 잘라 인간 생명의 영역으로 할지 분명하지 않다. 인간과 비인간이라 불리는 존재들도 마찬가지다. 아날로지의 근간을 통해 모든 생명 존재들이 연결되어 있는 동아시아 존재론에서는 인간과 비인간 사이에 분명한 경계선이 존재하지 않는다. 인간도 비인간도, 연결망 밖에 존재하는 생명은 없다. 하나의 거대한 연결망을 이루며 함께 출렁인다(김태우 2020).

'생명'이라고 말할 때, 우리의 시선이 관성적으로, 경계가 있는 국한된 개체에 집중된다면, 동아시아의 생명을 말할 수 없다. 그 생명을 위해서는, 어떤 원대한 것과의 연결 속에서 시선이 확장되는 생각의 버릇이 필요할 것이다.

의학

'건강'과 치료에 대한 지식과 실천이라고 하면 우리는 의학(醫學)을 먼저 떠올린다. 서양의학, 동아시아의학, 한의학 등이 책에서도 의학이라는 말을 다수 사용했다. 의학에는 의(醫)

라는 어근이 있다. 의는 거기에 다른 말들이 연결되어 다양하게 사용된다. 의료, 의술, 의도, 의서, 의원, 의업, 의약, 의철학, 의(료)인문학 등등 마치 '의'가 접두어처럼 사용되면서 많은 단어를 양산한다.

그런데 '의'와 관련된 이 많은 말 중 어떻게 의학이 대표적인 성격을 가지게 되었을까? 그것은 전문 지식과 전문가가 강조되는, 국민국가의 근대적 의료체계화와 관련이 있다.* 의학 외에 '의료'도 많이 사용하는 용어로, 그 또한 전문가의 영역이라는 의미가 강하다. '의료' 행위는 면허가 있는 전문가에 의해서만 행해져야 한다고 법에 명시되어 있다. 현대사회에서 '의'의 전문적 체계는 중요하다. 하지만 의학이, 혹은 의료가 의를 대표할 이유는 없다. 무엇보다도, 의학이라는 말이 의를 대표하는 것은, 의와 관련된 생각과 태도로부터 거리를 두게 하는 효과가 있다. 의는 학문이라는 범주가 다 담아낼 수 없는 내용을 가지고 있다.

'의'에는 그 바탕에 공감과 돌봄의 정신이 있다. 호모 메디쿠스(1장)라고 부를 수 있을, 예외 없이 의를 가지는 인류의 문화는 인간 존재에 대한 의미 있는 질문을 묻게 한다. 의는 세계를 어떻게 응대할 것인가에 관한 것이다. 기본적으로 의는

---

* 우리가 지금 살고 있는 국가는 근대 유럽에서 기원한 국민국가의 형태를 가지고 있다. 국민국가는 다양한 국가의 존재 방식 중 하나다. 국민국가는 다양하게 특징지어질 수 있지만, 그 특징 중 하나가 의료의 전면적이고 구체적인 체계화이다(김태우, 2017b; 2018a).

나 밖의 존재가 나같이 존재한다는 인지를 전제로 하며, 그 존재의 아픔에 대한 공감을 기본으로 한다. 그래서 의는 인간의 윤리적 가능성에 관한 것이다. 이것은 또한 관계의 가능성을 의미한다. 의는 기본적으로 관계에 관한 것이다. 자가치유만으로 의는 성립되지 않는다. 존재와 존재의 만남 속에서 의가 성립된다. 그곳에 공감과 돌봄이 있다. 의학이 의를 대표하는 말이 되면서, 지금은 그 가치들도 일부 전문 영역에 국한된 것 같은 상황이다. 하지만 전문 영역에서 공감과 돌봄이 제대로 구현되는 것도 아니다. 오히려 지금의 의학이 가장 되살려야 할 것이 바로 이 의의 정신이다(공병혜, 2002; 클라인먼, 2020).

나 밖 존재의 아픔에 대한 공감을 바탕으로 하는 의가 (잘살든 못살든, 인구 크기가 작든 크든 상관없이) 인류의 모든 지역과 문화에 존재한다는 것은 엄청난 사건이다. 그래도 희망을 가질 수 있는 이유이다. 의가 의미하는 공감과 돌봄의 가능성은, 환경위기에 처해 있는 인류가 꼭 다시 돌아보아야 할 내용이다. 그 가능성을 더 광의의 나 밖 존재들과 공유해야 할 시대에 우리는 처해 있다.* 더 넓은 관계의 연결망으로 펼칠 것을 요청받고 있다. 의의 가능성을 담아낼 수 있는 말이 필요하다.

---

* 캐런 버라드(Karen Barad)는 응답 능력(response-ability)이라는 개념을 통해 이와 관련된 논의를 하고 있다(Barad, 2012). 응답 능력은 개체·개인 중심의 책임(responsibility)을 넘어 더 광의의 타자들과 윤리적 관계를 맺기 위한 개념이다. 단지 하나의 개념을 넘어 이 말도 연결 위에 있다. 윤리-존재-인식(ethico-onto-epistem-ology)이 연결된 말이다 (Barad, 2007).

생애와 노년

생애는 없고 세대만 있는 시대다. 흐름으로서의 생애는 무화되고 유년, 청년, 중년, 노년처럼 조각난 세대만 남아 있다. 이에 '의학'도 일조하고 있다. 예를 들면, 노년은 흔히 의료화·질병화된 세대다. 지금과 같은 의료 담론의 시대에 노인은 병약한 존재, 아픈 '대상'이다(대상에 대한 논의는 다음에 이어진다). 생산으로 복귀되지 않는 밑 빠진 복지의 대상일 것이다. '안티' 에이징의 차별적 담론으로 바라본다면, 노년은 피해야 할 생애의 시기이며, 노인은 부정적으로 대상화된다. 하지만 노년은 비정상적인 상태가 아니다. 노년은 기력이 떨어지는 생애의 시기이지만, 기운이 떨어진 상황과 병든 상태는 같은 것이 아니다. 기운이 떨어진 상태에서의 건강도 당연히 가능하다. 하지만 지금의 '건강' 개념에서 노년의 질병화는 불가피해 보인다. 육체의 굳셈과 힘을 강조하면 '건강한 노년'은 형용모순이 된다.

노년의 대상화는 전체 생애의 흐름과 분리된 탈배경화와 연결되어 있다. 노년은 하늘에서 떨어진 세대가 아니다. 생애라는 흐름 중의 자연스러운 한 시기이다. 생장수장의 과정에서 생·장하면 수·장도 해야 한다(4장). 생과 장만 하면 생명은 유지될 수 없다. 가을은 펼치던 기운들을 모아야 할 때다. 누구도 젊은 혈기로 평생을 살 수는 없다. 혈기를 펼쳤으면 모아주기도 해야 한다. 그게 생명이고 생애다. 호흡과도 같다. 내뱉었으면 들이마시기도 해야 한다. 그러므로 청년과 노년은 생애의 양면이다. 분리해서 생각할 수 없다.

세대의 문제들은 서로 연결되어 있다. 흐름 속에 있기 때문이다. 그러므로 지금의 청년 문제는 바로 그 세대의 노년 문제다. 청년과 노년을 분절하고 세대를 대상화하는 관점과 담론들을 다시 생각해보아야 한다. 생애의 흐름과 맥락 속에서 세대들을 바라볼 필요가 있다.

대상

콜레스테롤, 혈당, 아밀로이드-베타와 얼굴색, 맥, 목소리를 병치시키며 진단 '대상'을 논의하는 부분(2장)에서 의아해했을 독자들이 있을 것이다. '콜레스테롤, 혈당, 아밀로이드-베타는 대상이라고 말할 수 있을 것 같은데, 얼굴색, 맥, 목소리와 같은 것도 진단 대상이 될 수 있을까?' 이런 의문을 가졌을 수 있다. 의구심까지는 아니더라도, 얼굴색, 맥, 목소리를 대상이라고 부르는 데 불편함을 느꼈을 수 있다. 분명, 콜레스테롤, 혈당, 아밀로이드-베타와는 질적 차이가 있기 때문이다.

대상이라고 하면 나와 거리가 있는, 그 자체로 윤곽선이 확실한 무엇이 되어야 할 것 같다. 동아시아의학에서는 이러한 '대상'을 전제하지 않는다. 맥은 주체와 대상의 구도를 떠나 있다(3장. 「나가며」). 맥뿐만이 아니다. 동아시아의학에서 색을 보는 것은, 정확한 명도와 채도를 파악하는 것이 아니다. 면색, 체형, 태도와 같은 것을 봐서 아는 것을 동아시아의학에서는 망진(望診)이라고 표현한다. 왜 보는 것을 의미하는 다른 말을 연결하여, 견진(見診)이나 시진(示診)이라고 하지 않았을까? 여기선 주체의 의식을 동원해 뚫어져라 바라보는 것이 중요하지 않기 때문이다. 오히려 관'망'(觀望)이 필요하다. 조'망'(眺望)이 더 적절하다. 사태를 '접수'해야 하기 때문이다.

맥을 짚을 때 능수동의 순간(「나가며」)이 색을 볼 때도 드러난다. 유심히 살피면서 또한 열심히 받아들인다. 이것은 모두 연결되어 있음을 바탕으로 한 지각이고 앎이다. 맥이 출렁이면 나도 출렁인다. 색이 드러나면 색이 나를 흔든다. 메를로-퐁티는 이 봄의 순간을 이렇게 표현한다(메를로-퐁티, 2004: 199). "보는 자는 자신이 행사하는 시각을 사물들 편으로부터 당한다." 맥진도 망진도 모두 연결되어 있음을 전제로 한다.

대상이라는 말에는, 세계의 존재들은 구획 가능하고 격리 가능해서 대(對)할 수 있는 것이며, 그래서 알 수 있는 것이라는 관점이 깔려 있다. '거리 두기'가 이루어질 때 가능한 존재 이해다. 존재들이 연결되어 있다고 본다면 '대상'이라는 표현이 어색할 것이다. 대상화 또한 어색한 표현이다. '대상'을 바라보는 거리 두기의 관점에 이미 대상화가 있다. 이러한 관점 위에서의 대상화는 중복이고 잉여다. 타자화도 마찬가지다. 타자는 이미 타자화되어 있다. 혹은, 이들 '-화'는 강화의 표현이라고도 할 수 있다. 대상화되어 있는 대상에 한 번 더 거리 두기를 함으로써 대상을 확실하게 하는 것을 의미한다. 대상은 또한, 들뢰즈의 언어로 하면, 재현될 수 있는 것이다(「나가며」). 타자도 마찬가지다. 주체로부터 떨어져 있어서 확실하게 규정

가능하고 재현도 가능하다.

진단 대상, 평가 대상, 규제 대상, 대상자 등등 우리가 일상적으로 사용하지만, '대상'은 결코 가벼운 말이 아니다. 그속에 세계를 대하는 자세도 포함되어 있기 때문이다. 하지만 대상을 전제로 하지 않는 존재론과 인식론도 있다. 그러한 관점에서는 '대상'이 오히려 어색하다.

기

동아시아의학을 주로 말하는 이 책에서도 기에 대해 말하는 것은 쉬운 일이 아니었다. 강의실에서의 주먹 휘두르기(2장)를 예로 들며 에둘러서라도 표현해보고자 했다. 이러한 어려움은 세계를 대하는 우리의 형이상학적 관성과 관련된다.

존재들의 능동을 받아들인다면, 그들로부터의 발화를 접수하고자 한다면, 그에 연결된 어떤 개념이 필요하다. 세계 인식이 일방향적이지 않다면, 대상을 고정시키려 하지 않는다면 몸 밖 존재들과의 관계를 담아낼 수 있는 말을 사용해야 할 것이다. 기는 이러한 맥락과 관련되어 있는 개념이다. 동아시아와 같은 비서구 형이상학에서 기는 오히려 자연스럽다. '대상'이 아닌 세계를 알려면 있어야 하는 개념이다. '대상'을 규정하지 않고 존재들의 행위 가능성을 열어놓는다면 필요한 개념이다. 그들이 드러내는 정황을 표현하고자 하는 요구가 기라는 말로 이어졌을 것이다. 마치 근대 서구 형이상학에서 이성이라는 개념이 자연스럽듯이, 동아시아의 사유에서 기는 당연하다.

타자를 확실하게 말하고자 했던 서구에서는 분명한 중심을 잡아주는 '이성'이 필요했다. '타자'를 받아들이고 접수하고자 했던 동아시아에서는 그 사이의 상호작용을 드러낼 수 있는 '기'가 필요했다.

기의 개념은 도처에 있다. 동아시아에만 있는 것도 아니다. 주체와 타자의 상호 관계를 전제하는 다양한 행위와 사유에서 어렵지 않게 관찰된다. 예를 들면, 예술에서 '기'는 기본적으로 깔려 있는 내용이다. 그 용어를 사용하지 않지만, 예술가는 모두 기를 아는 사람들이다. 예술은 모두 기에 관한 것이기 때문이다.

음악은, 가장 직접적으로, 공기를 흔드는 기들의 모음이다. 그 기운의 진동을 따라가며 우리는 감동한다. 미술은 형태와 색을 통해 또한 기운을 드러낸다. 후기인상주의는 그 기운을 느껴볼 수 있는 대표적인 사조다(3장). 문학은 말들 사이의 긴장과 예상하지 못한 환기를 통해 기운을 전달한다. 그러므로 문학의 환기(喚起)는 기본적으로 환기(換氣)다. 예술에 '기'가 깔려 있는 것은 소통하는 관계를 전제로 하기 때문이다. 작가들은 작품에 능동을 심는다. 그럼으로써 작품을 살아 있게 한다. 〈합창〉과 청중 사이, 〈까마귀 나는 밀밭〉과 관객 사이의 출렁임이 바로 기다. 시와 소설에 배치되어 있는 언어들의 환기가 솔솔, 혹은 쿵쿵, 독자들을 흔든다. 기는 다양하게 표현된다. 그 방법으로 음악의 청각, 미술의 시각, 문학적 언어가 있다. 여기에 촉각까지 합하면 기의 드러남을 전달하고 접수할 수 있는 방법들이 망라된다. 평론가는 이들 기에 전문적으로 반응하는 사람이다. 창작자는 기를 작품에 담고, 평론가는 그 기를 느끼고 그에 대해 표현한다.

예술에 깊은 관심을 가진 메를로-퐁티와 들뢰즈 같은 철학자들의 논의(「나가며」)도 기의 개념과 만난다. 예를 들면, '감응' 개념은 기와 깊은 관계가 있다. "예술작품이란 감응의 응결"(들뢰즈·가타리, 1995: 234: 이진경, 2020: 69에서 재인용)이라는 문장에서 '감응'의 자리에 기를 넣어도 어색하지 않다. 기라는 말을 사용하지 않았지만, 기를 말하고 있을 때가 있다. 기존의 '사유의 이미지'를 떠나고자 하는 길 위에서의 사유는, '사유의 이미지' 없는 사유에서 기원한 기와 만난다. 이 책에서도 말하기 어려웠던 기는 사실은 도처에 있다. 기에 대해 말하는 사람도 여기저기에 있다.

몸-말-앎-세계의 연결 위에서

몸, 건강, 체력, 생명, 노년 등 몸에 대한 말들의 무게는 감당할 수 없을 만큼 무겁다. 매일같이 이 말들을 쓰면서 우리는 어떤 사유를 실천하고, 그 관점으로 세계를 알고 또한 살아간다. 그 관점을 떠난 말을 사용하려 하면 할 말이 없다. 말을 못 한다. 하지만 말에 대한 해명을 통해서라도 말들에 대한 말을 할 필요가 있다. 몸이 어떤 관점에서 벗어나면 세계가 흔들리듯이,

몸에 대한 말이 하나의 관점으로 규정되지 않는다면, 그것 또한 둘 이상의 세계의 시작일 것이기 때문이다.

참고문헌

강선형, 2016, 「메를로-퐁티와 들뢰즈에 있어서 비지성적 종합의 가능성: 메를로-퐁티의 세잔 해석과 들뢰즈의 베이컨 해석을 중심으로」, 『철학과 현상학 연구』69: 1~29.

강신익, 2007, 『몸의 역사 몸의 문화』, 휴머니스트.

고미숙, 2011, 『동의보감, 몸과 우주 그리고 삶의 비전을 찾아서』, 그린비.

공병혜, 2002, 「돌봄의 윤리를 위한 미감적-윤리적 패러다임」, 『한국간호학회』32(3): 364~372.

구리야마 시게히사, 2013, 『몸의 노래: 동양의 몸과 서양의 몸』, 정우진·권상옥 옮김, 이음.

그린, 제레미, 2019, 『숫자, 의학을 정복하다: 고혈압, 당뇨, 콜레스테롤과 제약산업의 사회사』, 김명진·김준수 옮김, 뿌리와이파리.

기어츠, 클리포드, 2009, 『문화의 해석』, 문옥표 옮김, 까치.

김종영, 2019, 『하이브리드 한의학: 근대, 권력, 창조』, 돌베개.

김태우, 2012, 「한의학 진단의 현상학과 근대적 시선 생경하게 하기」, 『한국문화인류학』45(3): 199~231.

_____, 2014, 「위생, 매약, 그리고 시점의 전이: 한국사회 생명정치 시선에 대한 고찰」, 『과학기술학연구』14(1): 35~57.

_____, 2014, 「만성병 수치화의 생명정치」, 『한국문화인류학』47(2): 299~326.

_____, 2015, 「한의학 병명의 현상학」, 『철학과 현상학 연구』67: 107~132.

_____, 2016, 「비교불가문화연구의 인류학: 생의학과 한의학, 인식과 실천의 분지 읽기」, 『비교문화연구』22(2): 195~223.

_____, 2017a, 「인터뷰 없는 현지조사: 동아시아 의료지식에 대한 인류학적 접근」, 『한국문화인류학』50(2): 103~133.

_____, 2017b, 「동아시아의학, 동아시아 근대성을 읽는 창」, 『의료, 아시아의 근대성을 읽는 창』, 이현정·김태우 공편, 서울대학교출판문화원.

_____, 2018a, 「국민국가 의료체계 속 동아시아의학: 사암침 실천을 통해 본 전통의료의 존재 방식」, 『비교문화연구』24(1): 33~60.

_____, 2018b, 「치유로서의 인간-식물 관계: 존재론적 인류학으로 다시 읽는 동아시아의학 본초론」, 『비교문화연구』24(2): 155~180.

_____, 2019, 「동아시아의학의 관계적 존재론: 존재론적 전회를 통해 읽는 『황제내경-소문』, 「음양응상대론」」, 『의철학연구』27: 59~84.

_____, 2020, 「인간과 비인간 관계로서의 의료: 존재론적 인류학과 의료인류학의 접점 위에서」, 『한국문화인류학』53(3): 121~145.

김환석 외, 2020, 『21세기 사상의 최전선: 전 지구적 공존을 위한 사유의 대전환』, 이성과감성.

들뢰즈, 질, 2004a, 『차이와 반복』, 김상환 옮김, 민음사.

_____, 2004b, 『프루스트와 기호들』, 서동욱·이충민 옮김, 민음사.

들뢰즈, 질·가타리, 펠릭스, 1995, 『철학이란 무엇인가』, 이정임 옮김, 현대미학사.

메를로-퐁티, 모리스, 1985, 『의미와 무의미』, 권혁면 옮김, 서광사.

_____, 2002, 『지각의 현상학』, 류의근 옮김, 문학과지성사.

_____, 2004, 『보이는 것과 보이지 않는 것』, 남수인·최의영 옮김, 동문선.

박석준, 2015, 『동의보감, 과학을 논하다: 동의보감 정기신 강의』, 바오.

박윤재, 2008, 「해방 후 한국 조산제도의 성립과 변화: 원로 조산사들의 구술을 중심으로」, 『연세의사학』11(2): 34~48.

박인효, 2018, 「'생의학적 세계'에 적응하기: 양한방 협진병원에 근무하는 한의사의 생의학적 지식과 의사-한의사 간 관계 형성 과정」, 『한국문화인류학』51(1): 175~214.

비베이루스 지 까스뜨루, 에두아르두, 2018, 『식인의 형이상학: 탈구조적

인류학의 흐름들』, 박이대승·박수경 옮김, 후마니타스.

신규환, 2007, 「위생의 개념사: 청말민국기 위생론」, 『동방학지』138: 179
~223.

신동원·김남일·여인석, 1999, 『한권으로 읽는 동의보감』, 들녘.

신영전, 2019, 「'건강'은 없다」, 『한겨레』 2019년 10월 17일자.

신인섭 외, 2020, 『메를로퐁티 현상학과 예술세계』, 그린비.

야나부 아키라, 2011, 『번역어의 성립: 서구어가 일본 근대를 만나 새로운
언어가 되기까지』, 마음산책.

야마다 게이지, 2018, 『기의 자연상』, 박상영 옮김, 수퍼노파.

여인석, 1998, 「몸의 윤리학: 스피노자와 이제마에 있어 몸의 윤리적 의미
에 관한 고찰」, 『의사학』7(2): 178~198.

오재근·김용진, 2008, 「'건강'에 대한 한의학적 고찰: 황제내경을 중심으
로」, 『의철학연구』5: 19~51.

윤은경·김태우, 2020, 「의료인류학 연구동향과 전망: 개념의 전개와 의료
사와의 접점을 중심으로」, 『의사학』29: 903~958.

의료인류학연구회, 2021, 『우리를 아프게 하는 것들: 아픔의 의료화에 대
한 인류학 보고서』, 후마니타스.

이기복, 2018, 「실행 층위에서 본 이제마(1837~1900)의 의학: 동아시아
의학 체계의 재구성」, 『의료역사연구』2(1): 33~73.

이진경, 2020, 「감응이란 무엇인가?」, 『감응의 유물론과 예술』, 도서출판b.

이현정·김태우, 2017, 『의료, 아시아의 근대성을 읽는 창』, 서울대학교출
판문화원.

전국한의과대학 공통교재편찬위원회, 2016, 『본초학』, 영림사.

전영백, 2008, 『세잔의 사과: 현대사상가들의 세잔 읽기』, 한길아트.

정우진, 2016, 『감응의 철학: 한의학과 연단술에서 읽어낸 동양의 시선』,
소나무.

주성호, 2015, 「세잔의 회화와 메를로-퐁티의 철학」, 『철학사상』57: 267~
299.

줄리앙, 프랑수아, 2010, 『무미예찬』, 최애리 옮김, 산책자.

_____, 2014, 『장자, 삶의 도를 묻다』, 박희영 옮김, 한울아카데미.

_____, 2019, 『불가능한 누드』, 박석 옮김, 들녘.

최대우, 2005, 「동무 이제마의 윤리관」, 『철학연구』95: 395~415.

최재식, 2020, 「제1철학으로서 예술철학, 메를로퐁티의 미학」, 『메를로퐁티 현상학과 예술세계』, 그린비.

콘, 에두아르도, 2018, 『숲은 생각한다: 숲의 눈으로 인간을 보다』, 차은정 옮김, 사월의책.

쿤, 토마스, 2013, 『과학혁명의 구조』, 김명자·홍성욱 옮김, 까치.

클라인먼, 아더, 2020, 『케어: 의사에서 보호자로, 치매 간병 10년의 기록』, 노지양 옮김, 시공사.

푸코, 미셸, 2016, 『감시와 처벌: 감옥의 탄생』, 오생근 옮김, 나남출판사.

_____, 2011, 『안전, 영토, 인구』, 오트르망 옮김, 난장.

해러웨이, 다나, 2007, 『겸손한_목격자@제2의_천년.여성인간ⓒ_앙코마우스TM를_만나다』, 민경숙 옮김, 갈무리.

Aronowiz, Robert, 2015, Risky Medicine: Our Quest to Cure Fear and Uncertainty, University of Chicago Press.

Barad, Karen, 2007, Meeting the Universe Half Way: Quantum Physics and the Entanglement of Matter and Meaning, Duke University Press.

_____, 2012, "On Touching: The Inhuman that Therefore I Am." Differences 23(3): 206~223.

Daston, Lorraine and Peter Galison, 2007, Objectivity, Zone Books

Descola, Philippe, 2013, Beyond Nature and Culture, University of Chicago Press.

Dumit, Joseph, 2012, Drugs for Life: How Pharmaceutical Companies Define Our Health, Duke University Press.

Farquhar, Judith, 1994, Knowing Practice: The Clinical Encounter of Chinese Medicine, Westview Press.

_____, 2013, "Same and Difference in Trans-Local East Asian Medicine," *Culture, Medicine and Psychiatry* 37: 105~110.

_____, 2020, *A Way of Life: Things, Thought, and Action in Chinese Medicine*, Yale University Press.

Foucault, Michel, 1994, *The Birth of the Clinic: An Archaeology of Medical Perception*, Vintage Books.

Hanson, Marta, 2011, *Speaking of Epidemics in Chinese Medicine: Disease and the Geographic Imagination in Late Imperial China*, Routledge.

Herzberg, David, 2009, *Happy Pills in America: From Miltown to Prozac*, Johns Hopkins University Press.

Hsu, Elisabeth, 1999, *The Transmission of Chinese Medicine*, Cambridge University Press.

Hsu, Elisabeth, 2001, *Innovation in Chinese Medicine*, Cambridge University Press.

Jensen, Casper and Anders Blok, 2013, "Techno-animism in Japan: Shinto Cosmograms, Actor-network Theory, and the Enabling Powers of Non-human Agencies," *Theory, Culture & Society* 30(2): 84~115.

Kim, Taewoo, 2016, "Tradition on the Move: Emerging Acupuncture Practices in Contemporary South Korea," *Asian Medicine* 11: 133~159.

_____, 2017, "Cultivating Medical Intentionality: The Phenomenology of Diagnostic Virtuosity in East Asian Medicine," *Culture Medicine and Psychiatry* 41: 75~93.

Kleinman, Arthur, 1980, *Patients and Healers in the Context of Culture: An Exploration of the Borderland between Anthropology, Medicine, and Psychiatry*, University of California Press.

Lakoff, Andrew, 2005, *Pharmaceutical Reason: Knowledge and*

Value in Global Psychiatry, Cambridge University Press.

Langwick, Stacy, 2011, *Bodies, Politics and African Healing: The Matter of Maladies in Tanzania*, Indiana University Press.

Lei, Sean, 2014, *Neither Donkey Nor Horse: Medicine in the Struggle over China's Modernity*, University of Chicago Press.

Lloyd, Geoffrey, and Nathan Sivin, 2002, *The Way and the Word: Science and Medicine in Early China and Greece*, Yale University Press.

Lock, Margaret, 1980, *East Asian Medicine in Urban Japan: Varieties of Medical Experience*, University of California Press.

Lock, Margaret and Vin-kim Nguyen, 2018, *An Anthropology of Biomedicine*, Wiley-Blackwell.

Mol, Annemarie, 2002, *The Body Multiple*, Duke University Press.

Patryna, Ariana, 2008, *When Experiments Travel: Clinical Trials and the Global Search for Human Subjects*, Princeton University Press.

Reynolds, Jack and Jon Roffe, 2006, "Deleuze and Merleau-Ponty: Immanence, Univocity and Phenomenology," *Journal of the British Society for Phenomenology* 37(3): 228~251.

Rosenberg, Charles, 2007, *Our Present Complaint: American Medicine, Then and Now*, Johns Hopkins University Press.

Scheid, Volker, 2002, *Chinese Medicine in Contemporary China: Plurality and Synthesis*, Duke University Press.

Strathern, Maryline, 2017, "Naturalism and the Invention of Identity," *Social Analysis* 61(2): 15~30.

Sunder Rajan, Kaushik, 2006, *Biocapital: The Constitution of Postgenomic Life*, Duke University Press.

_____, 2017, *Pharmocracy: Value, Politics, and Knowledge in Global Biomedicine*, Duke University Press.

Tattersall, Robert, 2009, *Diabetes: The Biography*, Oxford University Press.

Weisz, George, 2014, *Chronic Diseases in the Twentieth Century*, Johns Hopkins University Press.

World Health Organization Western Pacific Region, 2008, *WHO Standard Acupuncture Point Locations in the Western Pacific Region*, WHO.

Zhan, Mei, 2009, *Other-Worldly: Making Chinese Medicine through Transnational Frames*, Duke University Press.

Zhang, Yanhua, 2007, *Transforming Emotions with Chinese Medicine: An Ethnographic Account from Contemporary China*, State University of New York Press.